海外で建築を仕事にする

世界はチャンスで満たされている

編著
前田茂樹
著
伊藤廉
佐貫大輔
西澤俊理
松原弘典
田根剛
高濱史子
豊田啓介
小沢慎吾
エマニュエル・ムホー
後藤克史
柏木由人
小塙芳秀
梅原悟
吉田信夫
吉田智史
原田雄次

学芸出版社

Contents

今はここにいる、ただそれだけのこと …… 10
伊藤廉／REN ITO ARQ.

東南アジアの新しい建築をめざして …… 29
佐貫大輔・西澤俊理／S+Na. Sanuki + Nishizawa architects

サムライ・ジャパンよりローニン・ジャパン …… 46
松原弘典／Tokyo Matsubara and Architects

建築のチャンス、世界への挑戦 …… 62
田根剛／DORELL.GHOTMEH.TANE/ARCHITECTS

普通でいつづけること、普通からはずれてみること …… 79
高濱史子／+ft+/Fumiko Takahama Architects

建築と非建築をシームレスにつなぐ …… 97
豊田啓介／noiz architects

あいまいさを許容するこの場所に拠点を置きながら …… 112
小沢慎吾／John Pawson Limited

東京の街がエネルギーをくれる …… 127
エマニュエル・ムホー／emmanuelle moureaux architecture + design

ドアをノックしなければ、始まらなかった …… 140
前田茂樹／GEO-GRAPHIC DESIGN LAB.

建築を通して、インドの行く先を見届けたい …… 157
後藤克史

グローバルに、もっと自由に生きる …… 173
柏木由人／FACET STUDIO

地域の風景の先にある世界 …… 190
小塙芳秀／KOBFUJI architects

与えられた環境がすべてではない、自分で変えられる …… 207
梅原悟／UME architects

足もとを見て、振りかえってみると …… 222
吉田信夫／Ateliers Jean Nouvel

何回失敗しても、負けじゃない …… 238
吉田智史／ARTEK

最果てのリベルタドール …… 253
原田雄次／Smiljan Radic Arquitecto

Helsinki
London
Maastricht
Basel
Paris
Genova
Olot
Porto
Barcelona
Beijing
Tokyo
Vadodara
Taipei
Ho Chi Minh City
Sydney

まえがき

世界中には、地域固有の気候があり、その気候に根差した文化があり、その文化を持つ人たちが暮らす都市や建築があり、その都市や建築を設計する事務所がある。そして、現在世界中の主要な設計事務所には、必ずといっていいほど日本人が、重要なポジションで働いている。また、中東やアジアで独立し、活躍する日本人建築家もいる。当時もきっと今も、海外の事務所で働いている日本人同士は、時折それぞれの事務所を訪問し、ビザの問題や働き方などを情報交換しあっている。

私は今思えば偶然が重なった結果、11年間パリのドミニク・ペローの設計事務所で、建築を仕事にした。海外で暮らすことは大変なことも多いが、建築という共通言語によって、言葉の壁を超えて仕事ができることは非常に魅力的だ。今の学生の話を聞くと、海外で働きたいという漠然とした希望は持っているが、その情報はＷＥＢと人づてに得るくらいで、東京ではまだしも、地方ではさらに正確な情報が手に入り難い。

本書は、世界16都市で活躍する17名の建築家、デザイナーに、海外就職や独立について、各国の情報を網羅しつつ、作品紹介ではなく、リアルな体験談を執筆いただいた。ヨーロッパ各地や南米チリ、中国、ベトナム、インドなどから集まった原稿は、執筆者自身の個人的な経験、その都市のローカルな状況を描いていながら、「海外で建築を仕事にする」ことの普遍的な状況を炙り出す文章になっている。そしていずれもエッセイとして面白い。海外で働くということには、様々な葛藤があるにもかかわらず、なぜいまだに皆そちらに向かって進もうとしているのかを、執筆者自身で丁寧に描いており、それが建築家の決意として読み取れるものだからだろうか。また、17名の体験談が持つ同時代性と差異は、そのままこの時代の世界の都市における均質性と多様性を反映している。２０１３年の世界を、都市や建築を設計する事務所という一断面で切りとり、１冊の書籍にアーカイブすることは現代的な試みだ。

「世界はチャンスで満たされている」とは執筆者の１人である田根氏の文章の一節だ。一歩踏み出すことで限りなく広がる世界がある。海外を志す方、または国内で建築を志す方にとってもなにかのヒントとなり、建築に関わり続けることの魅力、そしてこの時代を感じていただければうれしい。

２０１３年７月

前田茂樹

佐貫大輔《さぬき・だいすけ》・西澤俊理《にしざわ・しゅんり》

S+Na. Sanuki + Nishizawa architects

A1. S. 1975年／富山県　N. 1980年／千葉県

A2. S. 東京理科大学大学院博士課程単位取得退学
N. 東京大学大学院修士課程卒業

A3. 4年間(2009年～現在)

A4. S+Na. Sanuki + Nishizawa architects

A5. 2011年／ベトナム／ホーチミン

A6. ホーチミン市立博物館再開発計画／
ギャラリー、オフィス、公園／ベトナム／ホーチミン

A7. —

A8. S. 東京理科大学理工学部小嶋研究室助教／日本／4年
N. 安藤忠雄建築研究所／日本／4年

A9. 9:00～20:00／1.5日

A10. 2000USドル

A11. S. 建築家なしの建築／B.ルドフスキー
N. 隠喩としての建築／柄谷行人

田根剛《たね・つよし》

DORELL.GHOTMEH.
TANE／ARCHITECTS

A1. 1979年／東京都

A2. 北海道東海大学芸術工学部建築学科卒業／
デンマーク王立芸術アカデミー客員研究員

A3. 13年間(2000年～現在)

A4. DGT(ドレル・ゴットッメ・田根／アーキテクツ)／
DORELL.GHOTMEH.TANE／ARCHITECTS

A5. 2006年／フランス／パリ

A6. エストニア国立博物館／博物館／エストニア／タルトゥ

A7. 藤本壮介建築設計事務所

A8. ヘニング・ラーセン・アーキテクツ／デンマーク／1年半
→デイビット・アジャイ・アソシエイツ／イギリス／1年

A9. 11:00～22:00／2日

A10. 1万6000DKクローナ

A11. モモ／ミヒャエル・エンデ

(撮影: Alexandre Isard)

伊藤廉《いとう・れん》

REN ITO ARQ.

A1. 1974年／茨城県

A2. 東北大学大学院工学研究科都市・建築学専攻／
Architectural Association School
of Architecture MA Environment
and Energy Studies

A3. 11年間(2002年～現在)

A4. 伊藤廉 建築設計事務所／REN ITO ARQ.

A5. 2011年／ポルトガル／ポルト

A6. カーザ・ドゥラオン・イ・アルヴァリン／
住宅／ポルトガル／ポルト

A7. —

A8. 株式会社フジタ／日本／3年半
→アルヴァロ・シザ事務所／ポルトガル／7年

A9. 9:00～／不定休

A10. 650ユーロ

A11. 人生論ノート／三木清

松原弘典《まつばら・ひろのり》

Tokyo Matsubara
and Architects

A1. 1970年／東京都

A2. 東京大学大学院工学系研究科修士課程／
モスクワ建築大学研究生

A3. 13年間(2001年～2013年)

A4. 東京松原弘典建築設計事務所／
Tokyo Matsubara and Architects

A5. 2005年／中国／北京

A6. コンゴ民主共和国アカデックス小学校／小学校／
コンゴ民主共和国／キンシャサ

A7. 伊東豊雄建築設計事務所

A8. 伊東豊雄建築設計事務所／日本／4年
→瀋陽市規劃設計研究院／中国／1年
→北京非常建築研究所／中国／1年

A9. 会社の定時は9:00～18:00

A10. 伊東豊雄建築設計事務所の初任給ですが、
正確な金額は忘れました

A11. チベット旅行記／河口慧海

Q&A

Q1. 生まれた年／出身地　**Q2.** 日本での最終学歴／海外での最終学歴　**Q3.** 海外在住期間　**Q4.** 現在の所属　**Q5.** 独立した年／国／都市　**Q6.** 現在(担当している)進行中のプロジェクト　**Q7.** 学生時代にインターンに行っていた事務所　**Q8.** これまでの勤務歴(事務所名／国／期間)　**Q9.** 普段の勤務時間(現在)／週休　**Q10.** 初めての給料　**Q11.** 座右の書

豊田啓介《とよだ・けいすけ》

noiz architects

A1. 1972年／千葉県
A2. 東京大学工学部建築学科卒業／
コロンビア大学建築学部修士課程AAD修了
A3. 5年間(2001年~2006年)
A4. ノイズ・アーキテクツ／noiz architects
A5. 2007年／日本／東京、2009年／台湾／台北
A6. ITRI Research Complex／研究施設／台湾／南投県
A7. —
A8. 安藤忠雄建築研究所／日本／4年
→SHoP Architects／アメリカ／4年
A9. 9:30~19:00／1.5日
A10. —
A11. —

エマニュエル・ムホー

emmanuelle moureaux
architecture + design

A1. 1971年／フランス
A2. ボルドー大学建築学部卒業
A3. 17年間(1996年~現在)
A4. エマニュエル・ムホー アーキテクチャー + デザイン／
emmanuelle moureaux architecture + design
A5. 2003年／東京／日本
A6. Taipei Circular Line Artistic Design／
Transportation／台湾
A7. Eric Raffy & Associates (フランス)
A8. Eric Raffy & Associates／フランス／2年
A9. 9:30~19:30／2日
A10. (給料ではなく)担当プロジェクトの設計料の20%
A11. 金閣寺／三島由紀夫

高濱史子《たかはま・ふみこ》

+ft+／Fumiko Takahama
Architects

A1. 1979年／兵庫県
A2. 東京大学大学院工学系研究科建築学専攻／
スイス連邦工科大学チューリッヒ校
(ゲストスチューデント)
A3. 8年間(2004年~2012年)
A4. +ft+／高濱史子建築設計事務所／
+ft+／Fumiko Takahama Architects
A5. 2012年／日本／神戸
A6. 加古川医療ビル(仮)／医療ビル／日本／兵庫県
A7. クリスチャン・ケレツ
A8. ヘルツォーク&ド・ムーロン／スイス／5年
A9. 9:00~21:00／1日
A10. —
A11. わたしのワンピース／西巻茅子

(撮影: 飯川雄大)

小沢慎吾《おざわ・しんご》

John Pawson
Limited

A1. 1974年／京都府
A2. 京都工芸繊維大学大学院工芸科学研究科
造形工学専攻博士前期課程修了
A3. 13年間(2000年~現在)
A4. ジョン・ポーソン事務所／John Pawson Limited
A5. —
A6. ガトコン ウォーター・ボートハウス／週末住宅／
イギリス／コッツウォルズ
A7. K.ASSOCIATES／Architects
A8. ジョン・ポーソン事務所／イギリス／13年
A9. 8:00~18:00／2日
A10. —
A11. Illusions／Richard Bach

(© Gilbert McCarragher)

後藤克史《ごとう・かつし》

A1. 1979年／愛知県
A2. 明治大学理工学部建築学科卒業／AAスクール大学院
A3. 10年間(2003年〜現在)
A4. 無所属
A5. ―
A6. ―
A7. 連健夫建築研究室
A8. カラン・グローバー&アソシエイツ／インド／4年→APIED大学講師／インド／4年
A9. ―
A10. 1万5000ルピー
A11. 都市の建築／アルド・ロッシ

小塙芳秀《こばなわ・よしひで》

KOBFUJI architects

A1. 1972年／栃木県
A2. 東京芸術大学美術学部建築学科卒業／カタルーニャ州立工科大学建築学校ランドスケープ科修士修了
A3. 15年間(1998年〜現在)
A4. コブフジ アーキテクツ／KOBFUJI architects
A5. 2009年／スペイン／バルセロナ
A6. スマラガ郷土資料館／資料館／スペイン／スマラガ
A7. ―
A8. アラタ イソザキ & アソシエーツ スペイン／スペイン／6年→RCR アーキテクツ／スペイン／3年
A9. 9:30〜20:30／1日もしくは2日
A10. バルセロナでぎりぎりの生活費
A11. 風土／和辻哲郎

前田茂樹《まえだ・しげき》

GEO-GRAPHIC DESIGN LAB.

A1. 1974年／大阪府
A2. 大阪大学工学部建築工学科卒業
A3. 11年間(1999年〜2010年)
A4. ジオ-グラフィック・デザイン・ラボ／GEO-GRAPHIC DESIGN LAB.
大阪工業大学／Osaka Institute of Technology
A5. 2010年／日本／大阪
A6. バングラデシュ・サイクロン・シェルター／避難施設・病院／バングラデシュ／ポトアカリ地方
A7. 安藤忠雄建築研究所
A8. ドミニク・ペロー・アーキテクチュール／フランス／11年
A9. 9:30〜19:30／2日
A10. 約1500ユーロ
A11. 再発見される風景／ランドスケープが都市をひらく／カトリーヌ・グルー他

(撮影: Nacasa&Partners Inc.)

柏木由人《かしわぎ・よしひと》

FACET STUDIO

A1. 1973年／大阪府
A2. 慶應義塾大学大学院政策メディア研究科建築都市コース修了
A3. 14年間(1999年〜現在)
A4. FACET STUDIO JAPAN一級建築士事務所／FACET STUDIO
A5. 2008年／オーストラリア／シドニー、2009年／日本／大阪
A6. 同志社大学京田辺キャンパス礼拝堂／礼拝堂／日本／京都
A7. ―
A8. レンゾ・ピアノ・ビルディング・ワークショップ／イタリア／1年→エンゲレン・ムーア／オーストラリア／8年
A9. 9:30〜21:00／2日
A10. 15万円くらいだったと思う
A11. ―

Q&A

Q1. 生まれた年／出身地　**Q2.** 日本での最終学歴／海外での最終学歴
Q3. 海外在住期間　**Q4.** 現在の所属　**Q5.** 独立した年／国／都市
Q6. 現在（担当している）進行中のプロジェクト　**Q7.** 学生時代にインターンに行っていた事務所　**Q8.** これまでの勤務歴（事務所名／国／期間）
Q9. 普段の勤務時間（現在）／週休　**Q10.** 初めての給料　**Q11.** 座右の書

吉田信夫《よしだ・のぶお》

Ateliers Jean Nouvel

A1. 1972年／滋賀県
A2. 千葉大学大学院建築・都市科学専攻 博士前期課程修了
A3. 10年間（2013年～現在）
A4. アトリエ・ジャン・ヌーベル／Ateliers Jean Nouvel
A5. —
A6. Maison W／住宅／スイス／ローザンヌ
A7. アーシテクチュール・ジャン・ヌーベル
A8. 電通新社屋建設プロジェクト／日本／4年
→アトリエ・ジャン・ヌーベル／フランス／10年
A9. 10:00～19:00／2日
A10. 2100ユーロ
A11. 新改訳聖書　第2版

（撮影：中島恵）

原田雄次《はらだ・ゆうじ》

Smiljan Radic Arquitecto

A1. 1986年／兵庫県
A2. 横浜国立大学大学院工学府Y-GSA修了
A3. 1年半（2012年～現在）
A4. スミルハン・ラディック・アルキテクト／Smiljan Radic Arquitecto
A5. —
A6. ビオビオ市民劇場／劇場／チリ／コンセプシオン
A7. スミルハン・ラディック・アルキテクト
A8. スミルハン・ラディック・アルキテクト／チリ／1年半
A9. 9:30～20:00／2日
A10. 50万チリペソ
A11. The Sense of Wonder／レイチェル・カーソン

梅原悟《うめはら・さとる》

UME architects

A1. 1972年／京都府
A2. 京都工芸繊維大学大学院修士課程修了／デンマーク王立芸術アカデミー客員研究員
A3. 14年間（1996年～2010年）
A4. UME architects
A5. 2010年／日本／京都
A6. 北白川の住宅／専用住居／日本／京都
A7. —
A8. ヴィール・アレッツ・アーキテクツ／オランダ・日本／14年
A9. 不定
A10. 約3000ギルダー
A11. 茶の本／岡倉天心

吉田智史《よしだ・さとし》

ARTEK

A1. 1982年／大阪府
A2. 大阪芸術大学芸術学部デザイン学科卒業／アアルト大学芸術デザイン建築学部 家具デザインコース修了
A3. 6年間（2007年～現在）
A4. アルテック／ARTEK
A5. —
A6. 開発中の商品については公表できません…
A7. 株式会社IDKデザイン研究所
A8. Isolation Unit/Teruhiro Yanagihara／日本／1年
→NOW for Architecture and Urbanism／フィンランド／1年
→アルテック／フィンランド／3年
A9. 9:00～17:00／2日
A10. 2500ユーロ
A11. —

今はここにいる、ただそれだけのこと

-Porto

伊藤廉

REN ITO ARQ.

日常

カモメがけたたましく鳴き、遠くで魚売りの声が聞こえる。酔っ払いのわめき声と車のクラクションのなかで眠るための耳栓もいつの間にかはずれ、朝の喧騒で目が覚める。ここは、ユネスコの世界遺産に指定されているポルト歴史地区、通称バイシャ（下町）である。

朝食が終わるか終わらないかという時分、現場の親方パオロからすごい剣幕の電話が入る。

「ボンディア、アーキテクト！（おはよう、建築家）トードジョイア？（すべて宝石？）オーリャ、ノン　ボウファゼール　アケラ　メルダ（俺はあのクソはやらねーぞ）　ボセ　バイ　ポール　カラーリオ（××へ行け）、フォーダセ！（Fuck You !）」

これをソフトに翻訳すると、次のようになる。

「おはようございます建築家さん。ご機嫌いかがですか？　さて、今回は現場の問題についてお電話しております。例の件に関して、実現が難しい状況にあります」

知り合った当初はパオロがなにを言っているかまったくわからなかったが、最近はあの「クソ」がどの「クソ」を意味するのかまでわかるようになった。

自転車で現場に行くと、あちこちから怒鳴り声が聞こえる。ポルトの人は大体こんな感じで、話し声が大きく、そして口が悪い。その癖、敬虔なクリスチャンが多く、人情がある。親方のパオロにも、私が収入の口を見つけられないでいる時に、何度か仕事の口を紹介してもらった。問題になっていたのは折上げ天井の形体で、形が複雑で、使うことになる石膏ボードの量が馬鹿にならないと言うのだ。必要な部分だけを残してあとは省略することにし、その場は一件落着する。

現場の作業員と。前列右が筆者、その左後ろが親方のパオロ

私の職場であるコワーキングスペースの「ロフト」に着くと、奥でスロバキア人のアーティスト、マヤが作業を始めていた。「ロフト」はもともとポルトで最初の公立病院だった場所で、基礎の一番古い部分は12世紀のものだという。広くて丸太のトラスが美しいが、断熱がないので冬は寒く夏は暑い。ここを職業も国籍も異なる15人でシェアしている。マヤの他に、〈MOCA〉ブランドを立ち上げダンボールを再利用して家具をつくっているポルトガル人のフィリッパとジョージ、菜園によるコミュニティをつくっているイタリア人のキアラ、ポルトガル人の写真家ジョアンと建築学生のミゲル、オーストリア人デザイナーのイレナ、ポルトガル人3Dアニメーターのミゲル、ドイツ人自転車デザイナーのピーター、ポルトガル人エロティックアーティ

一攫千金を狙う山師の集団 mANY のメンバー。コマンダンテ・フェラス南極基地設計競技チーム。この他にブラジル側から 2 人が加わった

（前頁）コワーキングスペース「ロフト」

ストのラケルなどがいる。暖炉に火を入れ、メールをチェック、昨日に引き続き住宅の3Dパースの仕事などを始める。

この日はその3Dパースと積算拾いなどを済ませ、軽く夕食をとり、再びロフトに戻る。もうひとつの活動、mANYのためである。mANYは設計コンペチームで夜と週末に活動している。昼間は全員他の仕事を持ち、とりあえずの生活費を稼いだあと、夜に一攫千金を狙う山師の集団である。当初はただでさえ疲れている昼間の仕事のあとと、なにより大切な週末に、日本人主催のコンペチームにポルトガル人が集まってくれるのかと思ったが、始めてみると意外に人が集まり毎回ワイワイと楽しくやっている。こうしたグループ活動が楽しくできるのはラテンの気質なのかもしれない。チームでの第1作目となったカルフォルニア大学のサスティナブル学生寮コンペ「Architecture at Zero」では、サボテンの生態を建築に応用した提案で見事優勝し、順調な滑り出しを見せた。第2作目のポルトガルの町ギマラエンシュの繊維

工場再開発「デサフィオ・ウルバノ（Desafio Urbano）」では、地に足のついた審査が行われることを想定し、パースも3Dレンダリングではなく、すべて模型写真とし、質感や光を重視したプレゼンテーションをしたが、あえなく敗退した。そして今回は第3作目、ブラジル建築協会主催の「コマンダンテ・フェラス南極基地設計競技（Concurso Estação Antártica Comandante Ferraz）」に挑戦している。これは、火災で焼失したブラジルの南極観測基地の設計競技で、mANYにとっては初めての実施設計競技である。「15種類の専門家、ブラジルに事務所を持つ建築家をチームに入れること」という条件があり、当初は出場も危ぶまれたが、知人を頼りに人を集め、なんとか出場条件をクリアした。ブラジル側も含めると13人の大チームになった。意見を取りまとめるだけでも大変だが、なんとか方向性も定まり、今は提出に向けてジョージが3Dモデリング、アンドレがレンダリング、ジョアンがダイアグラム、もう1人のジョアンとディオゴが平面、アナがパネルのレイアウトという具合に夜が更けるまで皆黙々と作業を続けている。

卒業旅行、そして留学

大学の卒業旅行で、ロンドンからアルハンブラ宮殿までヨーロッパを縦断する旅行をした。ロンドンのフォスターのハイテク建築の数々、フランスのコルビュジエ、バルセロナのガウディ、そしてなにより、カフェの椅子までデザインされた西欧の街並みを見て、ここで生活してみたいと思った。日本に帰ってゼネコンに就職し、行き帰りの通勤電車で英語の勉強を始め、その「いつか」を待った。意味がわからなくても英語を聞いてそれを聞いたとおり口に出してみるとよいという話を聞き、駅までの道で試してみた。確かに効果はあったが、かなり変なサラリーマンと思われていたに違いない。

その「いつか」は2年後に訪れた。ロータリー財団国際親善奨学金の募集を見つけたのだ。1年目の選考では落選し、2年目でなんとか獲得する。他の奨学生が東のアメリカに向かうのが気になりつつ、自分は西のイギリスを目指した。出国前は送別会に次ぐ送別会で飲み明かした。日本では会社の同僚をはじめ、本当にたくさんの心温かい人たちにめぐりあった。

ロンドンでの留学先はAAスクール[1]という建築専門学校におけるサステイナブルデザインの修士課程だった。最初は授業で言っていることがわからず、毎晩授業の録音を聞いていた。なにをするにも言葉のせいで時間がかかり、時間の節約のために半年間毎晩スーパーのミートソースとパスタで食事したほどだ(もっともその後半年間、そのミートソースが食べられなくなったが)。しばらくすると英語もなんとかわかるようになり、アフリカのガーナに2週間行ってパビリオンを建設したり、修士論文を書いたりといろいろな経験をした。

AA スクールで取り組んだガーナのプロジェクト
(©Mark Hemel)

就職活動

6月に入り、ロンドンにも夏の兆しが訪れ、それとともに日本に帰る日を意識し始めた。通勤電車、残業、工業化された建物部材などを思い出し不安を覚えた。日本にも好きなものはあった。人は優しかったし、家族との仲もよかった。しかし、もうひとつの世界を知ったあと、すぐに元の世界に帰る気にはならなかった。海外での就職を考え、まずはロンドンのサステイナブルデザイン系の事務所にポートフォリオを送ってみるが、よい返事はなかった。次にロンドンの他の事務所にも送ってみるが、これもまた駄目。この年EUにたくさんの東欧諸国が加盟したこともあり、ヨーロッパの他の国でも労働市場には東欧からの移民があふれていた。そんななか、アルヴァロ・シザ[2]事務所に勤めるかつての大学の同級生がポルトガルから訪ねてきた。数年間のシザ事務所での修行を終え日本に戻るので、最後のヨーロッパ旅行にロンドンを訪ねてきてくれたのだ。数日ロンドンを案内がてら、いろいろな話をした。彼がポルトガルに帰るという日、シザに僕の就職について聞いてくれるという。ロンドンのビクトリア駅で、製本もできていないポートフォリオの紙の束を渡し、彼を見送った。彼の好意には今でも感謝している。

数日後、その友人から「シザが面接をしてくれるから、急いでポルトガルに来るように」というメールが入る。値段が上がった2週間後出発の航空券を買い、ポルトガルに駆けつける。面接を待つあいだ、なにを言うのか必死に考える。なぜシザなのか。どうして他ではないのか。しばらく待ったあと、友人に呼ばれ、彼とシザの待つ打ち合わせ室に入った。自己紹介をし、ポートフォリオを開く。説明をしようとすると、シザがポートフォリオを読み始める。しかたなくポートフォリオを読むシザを眺めながら待っていると、「働く条件は知っているのか」と言う。戸惑う自分に代わり、友人が「話してあります」

とすかさず答える。「いつから働けるのか」という質問には、「10月からです」となんとか自分で答える。シザが右手を差し出し「ようこそ」と言った。この短い面接で自分の人生が大きく変わってしまった。

仕事始め

シザ事務所について最初にした仕事は、シザ事務所の中堅所員ミゲルが担当する集合住宅エボラ・マラゲイラの未完成部分の計画の手伝いだった。ここではまずシザ事務所のCADレイヤーのシステム、ディテール、仕事の進め方などをミゲルから教えてもらった。ミゲルはその後、大学の先生も勤めたほど教育肌の先輩所員で、本当にいろいろなことを教わった。しかし、これは試用期間のようなもので1カ月後にはビザを取りに3カ月間日本に帰ることになる。

担当プロジェクト

ビザを取得し、シザ事務所に戻るとエボラ・マラゲイラの仕事は中断になっており、シザが3日後に出張から帰って来るまでのあいだ、ミゲルの他のプロジェクトの手伝いをして過ごす。シザが帰ってくるとさっそく打ち合わせ室に呼ばれ、〈キンタ・ド・ボンソセッソ〉プロジェクトの担当者になるように言われる。これはポルトガルの首都リスボンから車で北に40分行ったところにあるオビドスという街の郊外のリゾート開発で、18ホールのゴルフ場、601棟の住宅および付属施設を、イギリスの有名なゴルフコースデザイナー、ジョン・ジャーディーと33人の著名な建築家で設計するものである。このうちシザは第1期の14棟の住宅と商業施設、第2期の17棟の住宅を受注していた。

最初の打ち合わせは心が躍った。シザ事務所では担当者になるためには何年もの時間が必要だと聞いていたし、なによりも憧れの巨匠が自分と差しで打ち合わせをしてくれるのがうれしかった。打ち合わせは一言も聞き漏らさないように細かくメモを取り、打ち合わせが終わると一目散にコンピュータに向かい、スケッチを図面に落と

〈オビドス・キンタ・ド・ボンソセッソ〉第1期の住宅。全戸プール付きのリゾートで、著名人も多数購入した

し模型をつくる。シザに「考える暇を与えないくらい早く図面と模型ができてくる」と言われたほどだ。最初の1カ月は3日と空けずに打ち合わせをし、基本設計がどんどんと詰められていった。

仕事の進め方

日本では会社組織にいたこともあって、とにかく書類業務が多かった。次から次へとつくられる制度や法律に対応するため、何カ月もかけて辞書のような書類をつくったこともあった。図面には大量の文字が書き込まれ、あいまいさをできる限り排除するような仕事をした。標準化されたディテールをつなぎ合わせ、認定を受けた素材を張り合わせて、「クレームの出ない」建物をつくっていた。

シザ事務所では建築は、彫刻であり空間であった。ボリュームのバランス、空間の収縮と開放。対称と崩し、整列と分割。数百年の歴史的建造物のなかで培われた空間感覚、豊かな手仕事の伝統、あいまいさを許容する社

会がそれを支えていた。いわゆる経済的に成功している社会の価値基準によればまったく非効率である。しかしポルトガルでは、この非効率という美徳が美しい建築を培養していた。

そしてここでは「新しい」ということがそれほど価値を持たず、「古い」ということがいわゆるノスタルジーを意味しない。何百年も変わらない街並みのなかでは、現在が歴史上の一点であって、古いものは歴史のベクトルの方向を示し、新しさはその先端で生まれ出た結果でしかないからだ。このため若い建築学生であっても、かなり必死に歴史的な建物を研究し、一方あまりに恣意的な新しさは軽蔑の対象になる。

シザ事務所

入所してからリーマンショックに端を発する経済危機が始まるまでの6年間は、シザ事務所の所員数は25人前後で推移していた。入所当時は、同じ日本人の上野さんと新谷さんに大変お世話になった。その後、新谷さんと

入れ替わりで入所した瀬下君とは同じプロジェクトで働いたこともあって、深い友情を育むことができた。このほかにも外国人が事務所のほぼ半数を占め、イタリア人のキアラ、アルゼンチン人のマルコ、ロシア人のタティアナ、スウェーデン人のウラ、ドイツ人のマティアス、オーストラリア人のウエズリー、インド人のサウラブ、スペイン人のペレとベアドリス、イタリア人のシモンなど、なぜかこのヨーロッパの外れポルトガルの片田舎に来てしまった者同士、なにかと集まっては助けあいながら楽しくやっていた。シザ事務所の仕事の進め方で特によかったのが、自分の入所したころからある程度経験のある所員には直接物件を担当させるようになったことだった。自分と同じように他の所員も入所してしばらくすると担当物件を与えられ、シザと直接仕事をすることになる。これは突然他人の子どもを1人で預かるようなものので、第2の上司が居ない開放感がある一方、重い責任がやってくる。自然と夜も休日も働くことになってしまうのだが、シザから学ぶことの多さ、プロジェクトを成し

遂げることの達成感で特に辛いとは思わなかった。母親の育児談話のように所員同士で情報を交換しあい、なんとか大きな失敗をしないようにと全員頑張ることになる。

ポルトガル語

シザ事務所に入った最初の1年間は英語で仕事をしていた。シザは割合ゆっくりと英語を話すし、打ち合わせの内容はすべて理解できた。しかし1年たったある日、突然シザは英語を話すのをやめた。そしてポルトガル語がわからないとカンカンに怒るようになった。普段から勉強していたが、英語でさえ習得に10年かかる日本人に世界でも難しい言語のひとつと言われるポルトガル語が1年で習得できるはずもなく、かなり辟易した。ある時は、シザに「○○を探して来い」と言われた「○○」がわからず、下手に怒らせないように事務所を一回りして「ありませんでした」と答えたほどだ。当初、ポルトガル語は移民を対象に市が運営している無料の授業で勉強していた。ひとつの教室に、ウクライナ人、中国人、ス

ペイン人、日本人、インド人が混ざりあい、フェルナンダ先生が1人で切り盛りしていた。フェルナンダ先生はよい先生で頑張っているのだが、入れ替わり立ち替わりやってくる新外国人に合わせ、しばらく進むと授業はすぐ初級に戻ってしまい、いまひとつ上達しなかった。なにかほかの方法がないかと探していたところ、新しく開いたポルトガル語学校〈サビアメンテ〉の、アンジェラ先生に出会った。アンジェラ先生は外国人のためにポルトガル語教育方法を大学で研究しているほどの本格派で、すべてを論理付けて説明してくれるので、ぐんぐん上達した。内容もポルトガルのおとぎ話から、独裁政権当時の検閲といった硬い内容に至るものまで、単に語学を学ぶだけではなくポルトガル文化全体について知ることができた。このころから毎週出た自由作文の宿題でシザとの打ち合わせ内容について書き始め、これはシザ事務所を退職する間際に最後の1冊の本の原稿としてまとまることになる。

給料

ポルトガルに行くにあたって憂鬱だったことのひとつは給料だった。シザに来てもよいと言われた光栄の一方、手取り約8万円という額は日本の3分の1の給料で、ロンドンで散々金銭的に苦労した身にもこたえる数字だった。最初はレストランの裏口にまわりスープを50セントで売ってもらってパンと食べたり、その後は夕食の残りを弁当にして節約したりしていた。初めの1カ月は買ったものをすべて思い出せるほどケチケチしていた。ただ、今思えばそれほど辛くもなかったのは、事務所の友達が全員似たような給料で暮らしていて、限られた給料のなかで楽しくやる方法を身に付けたのと、シザがちゃんと遅れることなく毎月給料を払ってくれたせいだろう。そのありがたみは独立してよくわかった。

旅

そんな経済状態でも所員はよく旅をした。事務所には22日の有給休暇があり、これは割合自由に取らせてもらえた。シザも常に、よい建築家になるためには旅をしてスケッチをすること、と言っていることもあり、近隣のスペイン、フランス、イタリアをはじめ、北欧、エジプト、インド、アメリカなど、文化庁の奨学金を得て少し生活が安定し、なんとか航空券代を確保することができると、あとはユースホステルや友人宅を訪ね歩き、食事はスーパーの買い物で済ませて建築物を訪ねた。最初はただ訪れて、見たままをスケッチしていたが、じきに上野さんに見せてもらった妹尾河童[*3]の本に影響を受け、3Dパースで平面をおこしてみたり、実測して断面をおこしたりするようになる。こうするとその建物を設計した建築家が、平面、断面、立面を描き、それから現場を進め、実際の建築物をつくるプロセスの逆をたどることができ、その建築の背後にある建築家の意図を読み取ることができた。特に印象に残ったのが、フランスのプロバンス地方のル・トルネ修道院をはじめとするシトー派の3姉妹[*4]、フィンランドのアアルト、インドのカイサーナ寺院とカーンのインド経営大学とアダーラジの階段井戸、イタリアのスカルパ、シチリアのクリットブリー、エジプトのイスラム地区、アメリカのライトとミース、メキシコのバラガンなどで、ひとつの建物に1日中張り付き、時には守衛に追い出されるまで実測とスケッチを重ねた。こうしてできた30㎝のスケッチブックの束は生涯の宝物である。

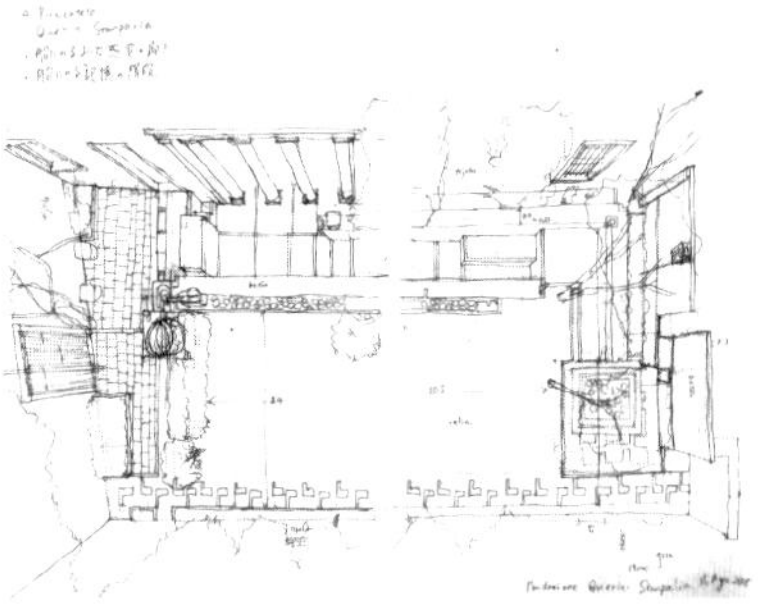

スカルパ設計、ヴェニスにあるクエリーニ・スタンパリア財団中庭のスケッチ

現場監理

ボンソセッソプロジェクトの現場が始まると毎月のようにオビドスへ現場監理に行くことになった。そして三度に一度ぐらいはシザが現場に姿を現した。片道3時間の移動時間は普段忙しくてプロジェクトの話以外はでき

旅のスケッチ

ないシザに、仕事以外の質問をする貴重な時間だった。こうした質問にシザは冗談とも本気とも取れない答えをするので、質問をすると余計に疑問が浮かぶことになる。たとえばこんな感じだ——。

—シザ、よい建築家になるためにはどうしたらよいですか？

「旅をしてスケッチをすること」

—シザを他と違う建築家にさせた原因はなんですか？

「人生経験」

—シザ、なぜ世の中には多くの人がよいという建築や美術があるのですか？

「教育のせい」

—シザ、アルヴァ・アアルトの建築でお勧めはどれですか？

「全部」

—マルコ・カナベーゼス教会は雌雄のジェンダーが両面のファサードに現れていると思うのですが、いかがでしょうか？

「考えたことないよ」

―将来独立してやっていくにはどうしたらよいですか？

「君は政治家の友達がいるかい？」

―建築家になるためには、独身を通したほうがよいでしょうか？

「そんなことしたら、子どもができないだろう」

不況、そしてリストラ

自国に強い産業のないポルトガルは、常に経済問題を抱えているのだが、２００６年のリーマンショック以降、シザ事務所にもじりじりと不況の影が迫ってきた。最初は現場の進行が遅くなり、自分の関わったキンタ・ド・ボンソセッソプロジェクトの第2期の開始時期もはっきり定まらないまま仕事が減っていった。事務所の他のプロジェクトも同様

オビドスの現場でのシザ

で、顧客が倒産したり、設計料のディスカウント、支払いの滞りが顕著になってきた。シザもある時は、憤慨し、ある時は失望しているのが見て取れるようになった。お金のために仕事をしている人ではないにしろ、所員を抱え、どんなに頑張っても支払いがあるのかどうか、また実現するのかどうかわからないのは辛いことだと思う。所員同士も仕事の取りあいをするようになっていき、細かいいざこざが増えた。誰もがクビを意識し、その宣告がいつ来るのかを日々恐れる重い雰囲気が流れていた。

ある日、自分の担当プロジェクトにやることがなく、年長の所員のプロジェクトの模型をつくっていたら、シザが僕の机までやってきて話をしたいと言う。2人で打ち合わせ室に入ると、何件ものプロジェクトが設計料不払いで裁判になっていること、所員の何人か

を首にしなければならないこと、もう何年も学んだのだからよいのではないのかということ、次の身の振り方を決めるまで何カ月必要かなどを聞かれた。ついに恐れていた宣告が来たのだった。しかし、そう言われると存外ホッとした。行くあてはまったくなかったが、重い雰囲気の流れる事務所でシザの建築を実現するだけの生活に行き詰まりを感じていたし、そこではないどこかへ行くのはすべてから開放されるようで心躍った。そんなことよりも執筆途中のシザの本をなんとか書き終えてシザの出版許可を取りたかった。再就職先を探す一方、残りの有給休暇を使い本を仕上げ、なんとかシザ事務所最後の日までに間に合わせた。

シザは書きあがった本を1ページずつ丁寧にめくって、全文に目を通してくれた。いくつかの箇所を修正し、こうしたほうがよいという指示をしてくれた。74枚のスケッチの使用も許可してくれ、印税も要らないと言った。そして、今まで自分で買い集めた本にひととおりサインをしてくれたうえに、僕のポートレートを描いてくれた。「よい絵だけれど、似てないな」というシザに、思い切って今までできなかった質問をしてみた。

「シザ、どうしてスケッチがいつも縦長なの？」

一瞬の間を置いて、シザは答えた

「ここから見るとそう見えるんだよ」

姿勢の悪いシザに視線の高さを合わせると、確かにテーブルの上のスケッチは縦長には見えなかった。

最後にいつものように小銭を渡してタバコを買って来るように言った。タバコを買いに行きながら、シザ事務所にいる7年のあいだ、何百回も打ち合わせし、一緒に現場に行き、

シザの設計手法をまとめた本(ポルトガルのITS pressにて出版準備中)とシザが最後に描いてくれたポートレート

何度も怒られたことを思い出した。シザはいつも偉大なお師匠で、僕はいつまでも小僧だった。

独立してしばらくしたあと、シザが打ち合わせで約束してくれた本の前文が届いた。

伊藤廉は茨城県出身の日本の建築家で、私の事務所で2004年から2011年のあいだ働いた。彼は主にオビドス市のキンタ・ド・ボンソセッソプロジェクトに関わった（実現した住宅、商業施設および飲食施設）。整然とした仕事のやり方と知識を得るための熱意、チームへの貢献に感謝をしている。建設にあたって、伊藤廉は現場監理の担当者として選ばれ、現場と事務所の調整にあたった。この努力がある「航海日誌」ともいえるものを生み出し、そこからは典型的な住宅における厳密かつシステム化されたプロジェクトの発展方法とその適用方法を垣間見ることができる。（中略）伊藤の学びの姿勢と私との対話への意欲は、この類まれなる「本」において明らかであり、7年間の時間を共にし

最後の打ち合わせ（©Daniel Gutiérrez）

た他の所員はそれをよく理解している。それは彼の独立後の個人としての伊藤廉によって成し遂げられた建築にも同じように反映されている。

この「建築家」の幸運を祈る。

2012年8月13日

建築家　アルヴァロ・シザ

読んで涙がこぼれた。

独立

シザ事務所を退職したあと、人の紹介で見つかったポルトガルの再就職先の事務所も半年で経営が行き詰まり、所員の3分の2を解雇した。しばらく路頭に迷ったあと、工務店の親方パオロと不動産屋のリカルドと組んでリハブという不動産販売・設計・施工一体のプロジェクトを始める。よく足元を見られて設計料を値切られる仕事ではあるが、それでも家族も知り合いもいない海外の街で顧客を紹介してもらえるのは助かっている。こうして2件の現場が終了し、現在もさらに2件の現場が進行している。

独立後の作品。左がギレルメ邸という住宅のリノベーションで、右がポルトガル語を勉強したサビアメンテの新校舎
(©Attilio Fiumarella)

困った質問

こちらにいて、いつも答えに詰まる質問がある。いつまでここにいるのかという問いだ。確かにこの街には日本人の建築家が1人しかいないし、この経済状況を考えれば、周りのポルトガル人はこの人はいつか日本に帰るのだろうと考えるだろうし、日本にいる人は修行が終わったのだから帰ってくるのだろうと思うのが自然なのかもしれない。しかし、それは田舎から東京に出てきて就職した人が「いつまで東京にいるのですか」と聞かれてうまく答えられないように、自分にもうまく

答えられない。日本に帰れば、言葉や習慣の違いに悩まされることもないだろうし、貸し部屋で寝袋に包まるような生活よりはましな暮らしができるのかもしれない。一方創造という面では、日本で日本の建築家として生きれば、目立つための奇異なデザインをしてしまいそうなところを、ここにいれば異なる文化圏から来た人間が自らの経験のなかで正しいと思うことを素直に表現して、それが認められる自由さがある。自分が経験のなかで感動した空間の質を、違う文脈のなかで再現すること。それが自分の創りたい建築なのだと思う。だから今はここにいる、それだけのことなのだ。

〈注〉

＊1 AAスクール：Architecuture Association School of Architecture の通称。ロンドンにある私立の建築学校。レム・コールハース、ザハ・ハディドなどを輩出し、理論教育にも定評がある。

＊2 アルヴァロ・シザ（A'lvaro Siza Vieira, 1933－）：ポルトガルの建築家。代表作は〈サンタ・マリア教会〉〈リスボン万博ポルトガル館〉など。

＊3 妹尾河童：グラフィックデザイナー、エッセイスト。『河童が覗いたニッポン』などのスケッチでも知られる。

＊4 シトー派の3姉妹：ル・トロネ、シルヴァカール、セナンクの修道院。

東南アジアの新しい建築をめざして

–Ho Chi Minh City

佐貫大輔・西澤俊理

S+Na. Sanuki + Nishizawa architects

2013年テト

2013年2月、ホーチミンにて四度目のテト（旧正月）を迎えている。例年のごとく、いつもは賑やかで活気のあるホーチミンの街並みも1年の疲れを癒すように閑散としている。そのなか日本人の我々だけが仕事場にて、年明けに押し寄せる膨大なタスクに向けて着々と準備を整えている。

2013年のベトナムは、2008年の世界同時不況から若干回復を見せつつも、景気の動向は決してよいとは言えない。だが、資本や技術、情報といった多くのリソースが不足した発展途上のこの国では、先進国にはない人々のうねりのようなエネルギーを感じる。

S+Na.(Sanuki+Nishizawa architects)は独立した2人の日本人建築家である佐貫大輔と西澤俊理が、ホーチミ

BACHY S

S+Na. 事務所。スタッフと学生アルバイトが入り乱れ、多くのプロジェクトが同時進行する

普段のベトナム。ラッシュ時には大量の原チャリが路上を占拠する

ン市で2011年にスタートした建築設計事務所だ。現在では小さなインテリアから大規模開発までさまざまなプロジェクトが同時進行している。小さい事務所の中に7名のスタッフと模型バイトの学生が入り乱れる、さながら戦場のような職場だ。

小嶋一浩氏の下での経験

パートナーの佐貫は、東京理科大学にて学部時代から11年もの長期間、小嶋一浩氏の下で設計活動に関わった。国際カンファレンスのプロポーザルや、アートイベントのインスタレーション、コンペや海外調査、小さな公共施設の設計など数多くのプロジェクトに設計チーフとして運よく参加した。研究室では常に海外でのプロジェクトを率先して行っており、なかでもベトナムに関する二つのプロジェクトは将来につながる大きな転機となった。

ひとつ目は台湾、香港、東京、そしてベトナムのハノイで展開した、一連の〈スペースブロック〉[*1]のプロジェクトである。各国での提案を経て、最終的にはハノイでの実験住宅の設計・建設に参加することができた。

もうひとつは2006年に行われた、ホーチミン建築大学の移転計画コンペだ。最優秀賞に選ばれ、約2年間、ホーチミンと東京を往復するあいだに、ベトナムという国に大きな可能性を感じることとなる。計画は途中で頓挫してしまったが、日本とはまったく違う慣習や考え方に難しさを覚えながらも、違うからこその面白さに惹かれていった。

小嶋氏は常々、研究室の学生に「これからは日本だけで設計活動を行う時代ではない。若い人は率先して外へ向かうべきだ」と言っていた。設計を通じていつでも海外へとつながることができることを教えてくれた氏の言葉には今でも勇気をもらっている。

〈スペースブロックハノイモデル〉(右)は調査から現場監理まで参加した。左は〈ホーチミン建築大学プロジェクト〉模型(共に設計統括：小嶋一浩)

安藤忠雄氏の下での経験

パートナーの西澤は東京大学修士課程を修了後、安藤忠雄建築研究所で実務経験を積んだ。大学はさまざまな国籍とバックグラウンドを持つ学生が多く活気にあふれていたが、主流はアジアからの留学生だった。所属した岸田研究室では、中国、韓国、インドネシアの先輩たちから、毎日のようにダイナミックに展開するアジアの話を聞かされ、アジアの建築や都市を意識するようになる。

安藤忠雄建築研究所に就職が決まると、さらに強烈に外国の建築を意識するようになっていく。就職が決まったその日に、安藤忠雄氏から、「これからは外国で仕事をする時代。就職するまでの1年間に英語を徹底的に勉強するように」と言われたのだ。それから1年間は安藤氏に言われたとおり、毎日英会話に通った。

実際に大阪で働き始めると、安藤忠雄建築研究所の仕事は半分以上が海外プロジェクトで、スイス、ドイツ、イタリア、フランス、イギリス、アメリカ、メキシコ、UAE、バーレーン、中国、韓国、台湾、スリランカのプロジェクトを、安藤氏が総勢20人ほどのスタッフで動かしている現場は、まさに圧巻だった。日本人に混じって、スイス人やブラジル人、コロンビア人、ハンガリー人スタッフが英語で議論や検討を繰り返し、否が応でも外国での仕事を意識せざるを得ない環境だった。台湾やスイス、イタリアのプロジェクトのチームに入り、打ち合わせなどに参加するなかで、海外のプロジェクトの難しさと魅力を体感するようになる。現地の人々やその土地に伝わる知恵との出会いに惹かれていった。

ベトナムで独立するために退社を希望する旨を安藤氏に報告した際には、「これからはアジアの時代だ。ベトナムは大変だろうが、人間はそう簡単には死なないものだ。覚悟を決めて、ベトナムの人々と社会のためにしっかり働いてきなさい」と励ましてもらったことは、今でも大きな支えである。

〈wNw バー〉竹を構造材としたドーム形状が特徴的なバー（設計：VTN、2008 年）

日本にいながら海外プロジェクトに触れる機会が多かった私たちは、しだいに外国で働くことに大きな魅力と可能性を感じていった。そんな折、共通の友人であるベトナム人建築家ヴォ・チョン・ギア氏[*2]からベトナムの会社でパートナーとして働いてみないかというオファーがあった。不安はあるが、新興国で新しい建築に挑戦するのは面白い。私たちはすぐに準備に取りかかり、２００９年にベトナムに拠点を移した。

渡越、ＶＴＮパートナー

私たちがパートナーとして参加したヴォ・

チョン・ギア・アーキテクツ（Vo Trong Nghia architecs、以下ＶＴＮ）はベトナムのなかでも珍しいアトリエ系建築設計事務所だ。ギア氏は東京大学修士課程で内藤廣氏に師事し、卒業後ベトナムにて設計事務所を立ち上げている。竹を構造材に用いてユニークな形の建築作品をつくることで知られており、国内外からその活躍が期待されている若手建築家である。ベトナムにデザインの経験を積んだ建築家がもっと増えてほしいという熱意から、海外での仕事を希望していた私たちをパートナーとして迎え入れてくれた。

仕事は、コンセプトメイキングから実施設計、現場での設計監理までのデザイン全般、またクライアント対応やスタッフ教育に至るまで、経営を除く会社のすべての活動を把握し、レベルアップを図るものであった。

最初は、スタイロカッターを日本から持ち込み、使い方を伝えることから始まった。ベトナムでは珍しく模型をつくる事務所ではあったが、ハードボードと瞬間接着剤、竹ひごなどを用いていたため、何度もつくり直すことができない。スタイロフォームがないため発泡スチロールで代用し、大きな模型を繰り返しつくることでスペースのイメージを共有していった。

働き始めたころのVTN事務所（2009年）

当初は10名程度のベトナム人スタッフのうち、2、3人しか正確な英語を話すことができなかったが模型は万国共通のデザイン共有ツールだ。最初は戸惑うことも多かったが2カ月もすればチームとして機能するようになる。とはいえ、東南アジアで設計をしていくうえで英語のスキルは必須条件だ。英語を話せる設計者やクライアントは日本よりも多い。逆に言うと、ブロークンイングリッシュと建築の基礎的な知識さえあれば、所内で十分円滑にコミュニケーションをとることができる。

上海万博ベトナム館／ビンジュンの学校／スタッキング・グリーン

ギア氏の協力もあって、VTNでの仕事もしだいに慣れ、コンセプトデザインから現場まで一連のプロジェクトを統括するようになっていった。

〈上海万博ベトナム館〉は竹材を内外装に用いたパビリオンの設計だ。中国・ベトナム両政府とのタフなディスカッション、中国産の竹材のリサーチ、極寒の地でのベトナム人ワーカーとの共同生活、と大変ハードな仕事であった。ハンドメイドでつくる竹の建築は、工業製品にはない特徴的な表情が生まれる。

ホーチミン近郊に建つ〈ビンジュン・スクール〉は初めて経験したベトナムでの大規模建築である。6000㎡の規模の建物を、設計から竣工まで1年間で終わらせるというとんでもなく早いスピードのプロジェクトであった。校舎を蛇行させ、日射制御のためのルーバーを全面に配した、屋外と一体となるような学校を目指している。

〈スタッキング・グリーン〉は、建物前面と後面に緑のプランターが積層された住宅である。施工者不在のなか、すべて自分たちで材料の調達からワーカーの手配まで行った。シェードにもなる積層されたプランターによって、住宅内のどこにいても彩りのある美しい緑を見ることができる。開放的で南国らしい住宅を目指した。

いずれも厳しいコンディションのなかで、トライ&エラーの繰り返しではあったが、なんとか完成に至り、運よくいくつかの国際アワードを受賞した。*3 日本を離れた自分たちの設計がさまざまな人の目に触れる機会を与えられたことはうれしい。

〈上海万博ベトナム館〉外観。外装は防火塗装の竹フレーム。アソシエイトアーキテクトとして参加した

〈ビンジュン・スクール〉森の中に建つ小中一貫校（撮影：大木宏之）

ＶＴＮで参加した数多くのプロジェクトで、もっとも刺激的だったのが中国やカンボジアといった国外プロジェクトであった。ベトナムは隣国にカンボジア、タイ、ラオス、中国などを持ち、人ものも経済も流動的だ。日本にいると実感として沸きにくいが、東南アジアの国々はさまざまな海外諸国に自然と活動の場を持つことができる。さまざまな国々の仕事をシームレスに設計していると、「アジアは陸続きだ」という感覚が得られる。

ベトナムでの独立

ＶＴＮでの仕事も2年が過ぎ、いくつかのプロジェクトを完成させた。だが一方、いつまでもベトナム人事務所のパートナーとして身を寄せているわけにはいかない。また日本人アーキテクトとして、ベトナムあるいは広いアジアの地域で自分たちになにができるのかを試してみたい。そんな気持ちがしだいに高まっていった。プロジェクトの切りのよいタイミングで独立を決意し、２０１1年6月、設計事務所S+Na.を立ち上げた。言葉もわからない海外で独立し設計事務所を運営するなど無謀とも思えるが、なにかチャレンジしたいと思わせるのがこの国の魅力でもある。ギア氏にも快く協力してもらい、いくつかのプロジェクトを継続しながらの独立となった。

事務所開設は困難を極めた。日本からの送金や事務所探し、内装、政府関連の膨大な申請書、スタッフ探しに至るまで、まったくの手探り状態であった。だが数多くの日系企業があるこのホーチミンでやってやれないことはない。友人、知人の協力もあって、仕事も少しずつ増えていった。

ベトナムで独立することに確信があったわけではないし、今もない。新しい建築を目指すという目標はどこにいようが変わらないのだが、異なる環境に身を置くことで自分たちの建築の可能性が広がっていく感覚がモチベーションとなっている。

スピード感——体を使って設計する

中国や途上国がそうであるように、ベトナムでも設計

〈スタッキング・グリーン〉。RC造、4階建ての個人住宅。南国らしい熱帯の植物がファサードを彩る（撮影：大木宏之）

時はかなりのスピードが要求される。日本のように住宅の基本設計に3、4カ月もの時間をかけることはなく、おおむね1カ月程度で大まかな基本設計を完了させる必要がある。とにかく早く竣工させるために、実施設計の時期と施工期間がラップする場合もあり、設計が決まっていない場合は、図面を描きながら即座に現場に反映させることもしばしばだ。このようなケースだと模型や3Dで検討している暇はなく、スケッチを描きながらその場で判断を強いられることもある。まるで1／1の模型をつくっているような感覚だ。

ベトナムローカルの設計会社は、2日で基本設計を終わらせ、2週間で実施設計まで完了する。それもCGや施工の見積がセットで、だ。すべてパッケージ化されており、ほとんどの工程がコピー&ペーストで完了する。私たちはある程度の時間を費やしてはいるが、

カンボジアのリゾートプロジェクト現場。竹のフレームによる水上バンガロー

それでも短期間での設計を要求される。

またベトナムの設計料は非常に低く設定されており、数多くのプロジェクトを同時に行わなくてはならない現実がある。だが、逆に言うと多くのプロポーザルを行う機会に恵まれているともいえる。私たちのような小さな事務所ですらも住宅に始まり、インテリアやアパートメント、数haの開発プロジェクトの依頼が来る。仕事になるケースはほんの一握りではあるが、日本の若いアトリエ事務所では到底扱わないような大規模プロジェクトが身近にある感覚は刺激的だ。

マラソンコースを一歩ずつ走るのではなく、100m走を何度も繰り返すような設計を行うためには、日本で行う設計とは違う体力が要求されるように思う。デザインに対する思考と、プロダクトをつくる行為、つまり頭と体を同時に動かすようなイメージだ。じっく

りと建築的思考を重ねながら検討できないことに苛立ちを覚えることも多い。だがそれにも増して多くのプロジェクトで自分たちの考えていることやアイデアを実現できる機会に喜びを感じるのだ。

リッチネス（Richness）の建築

日本とベトナムとのクライアントの違いにも驚かされることが多い。あるクライアントから依頼を受けて敷地を訪れた時のことだ。ゲートを抜けると25ｍ×１００ｍほどの、マンションでも建ちそうな敷地が広がり、「ここに床面積２０００㎡ほどのヴィラをつくってほしい」と言われた。ベトナムでは日本とは違って４００㎡の住宅でも大きい部類には入らない。ただ２０００㎡となると、どうプランニングしてよいものかさっぱり検討もつかない。主寝室は当然二つあってそれぞれ最低１００㎡、他に寝室が6部屋、ダイニングルームは普段用、外用、パーティ用の3種類、３０００本のワイナリーにシアタールーム、極めつけは10人用のメイドルームだ。クライアントから条件を聞くごとに愕然とした。

ここまで大きくなると、自分たちがこれまで考えてきた住宅に関する概念が根本から覆される。たとえばキッチンとダイニングを併設させていると、クライアントから「食事はメイドが運ぶ。私が厨房に立つことなど『ありえない』のだから離してほしい」と怒られる。どれだけ家具を置いてもスカスカになってしまう図面を眺めていると、しだいにスケール感覚が狂っていき、なにを描いているのかわからなくなるのだ。

普段はいわゆる普通の住宅の仕事がメインで、こういった超富裕層の住宅は当然稀だ。ただ、面白いと感じたのは、共通して打ち合わせの際によく使われる「プア／リッチ」という言葉である。たとえ小さな建物であっても、狭い部屋はことごとくプアであるとジャッジされる。小さな入り口や、シンプルな白い空間も貧しいとされるケースもある。「面白い」だけの部屋は望まれない。逆に広くて使いやすく、素材感のある空間や、眺望やシーンが創出される空間はリッチであるとされる。それらは決して装飾的、あるいはゴージャスという意味ではない。

途上国の人々の発想だと嗤うことはできない。彼らが希求する身体性を伴う住まいの豊かさ、リッチネスは紛れもなくそこに存在するからだ。そこには、新しい建築に向かうヒントが隠されているのではないかと考えている。

ベトナムのクライアントとの対話は本当に大変だ。文化の違いによって衝突し、プロジェクトが中止されてしまうケースも珍しくない。だがその対話は日本での価値観を変え、相対化し、視野を広げてくれていると感じる。

現場で設計する

ベトナムで設計を行ううえで、現場監理が占めるウエイトは非常に大きい。東南アジアなどの発展途上国では、施工図（納まりを考慮した施工するための現場用図面）という概念が希薄で、実施設計図（見積り用の詳細図）がそのまま現場での施工図として扱われる場合が多い。しかも先述したように、実施設計の途中で現場が始まるため、2日に一度は現場に行って、現場監督と打ち合わせ、問題点の整理、フィードバックの図面の提出、を繰り返す。日本の実施設計のように事前に細かいディテールを描いても、読んでもらえない（あるいは意図的に無視される）ため、すべて現場で納まりなどを決定していくのだ。

日本ではつくるのが困難なテラゾー人研ぎによる浴槽。〈スタッキング・グリーン〉の現場で粉まみれで作業する職人

欧米諸国のように分業体制が確立されていないため、途上国では設計と現場監理がほぼ一体の行為だ。ベトナムで建築のクオリティを確保するためには、何度も現場に足を運び、その場で細かく素材やディテールなどの指示を行う必要がある。

また、建材のカタログが少ないなど、設計

環境が未整備なところも現場のウエイトが高くなる要因である。基本設計まではすんなり描けても、実施設計時にディテールを決めようにもカタログがないため、すべて現場決定事項として後回しになる。コンセプトに関わる重要なディテールやコストに影響しやすい部分を除き、図面は最小限に簡略化する。

現場での設計はハードだが、よい面もある。カタログが揃っていない分、木工や石工、スティールワークなどにある程度自由度があり、マーケットで見つけた素材や難しい加工を比較的容易に試すことができる。まさにハンドメイドのディテールである。今のところ既製品よりも安価でできるし、原理を理解し、一からつくっていくプロセスに学ぶことは多い。

ベトナムでの暮らし

ベトナムでの暮らしについて触れてみたい。

現場打ちPCによるプランター。〈スタッキング・グリーン〉

平日は9～18時までの8時間が勤務時間だ。ベトナムでは（というよりも、日本以外の国では）家族とのプライベートの時間を重視するため、限られた時間で成果を上げるように集中する。残業はできるだけせずに、締め切り直前以外では18時半、遅くとも20時前には全員帰宅する。残業は非効率であるという考えが一般的であり、確かにスタッフが残業すると翌日のパフォーマンスが大幅に落ちる。徹夜で作業するなどもってのほかだ。

土曜日の午後と日曜日はオフが固定されているため比較的自由に時間を使うことができる。面白いのは多くの人々が英語、絵画、コンピュータ、音楽、あるいは夜間大学といったいろいろなスクールに通っている。建築設計事務所のスタッフも仕事帰りや休日を利用して教室に通うなどスキルアップに意欲的だ。

給料は決して高くはない。ベトナム人スタ

ッフで初任給が３００ドル程度である。現地採用される新卒の日本人は８００〜１２００ドル程度だ。ただし、物価水準が低いため、生活は楽であるとは言えないまでも、困窮するまでには至らない。外国人が住むゲストハウスの賃料も２５０ドル程度と格安だし、なにより熱帯の国らしく食材が豊富であるため、格安で美味しいものが食べられる。東京でジャンクフードを食べる生活よりはよっぽど食事に関しては恵まれていると感じる。

ベトナムに来たことがない人はプアで土着的なイメージを想像しがちだが、ホーチミン市は外国人の我々が住んでも快適かつ安全、非常に住みやすい街である。娯楽が乏しいことを除いて、思いのほか生活に困ることはない。ただし、仕事はハードながらも南国特有のいい加減でのんびりとした国であるため、この「ヌルさ」に慣れてしまうことには一抹の不安を覚える。

混沌とした状況を楽しむこと、その場所でしかできないこと

日本との距離は住んでしまえば思いのほか感じない。

食堂での昼食。25,000 〜 30,000 ドン（120 〜 140 円程度）

だが、スピード感もクライアントも社会が望む建築の姿も先進国のそれとは大いに異なるのも事実だ。プロジェクトは現れては消えての繰り返しで、悔しい思いをすることも多い。1週間かけた作業が翌日には無駄になることはよくあるし、9カ月費やしたプロジェクトがたった1日で凍結してしまうこともある。プロジェクトに安定という言葉は皆無で、すべては混沌とした状況だ。だが、ベトナムを含む東南アジアの途上国ではそうした日本との違いを受け入れ、「楽しむ」ことが重要であるように思う。

トライ&トライ

現在、事務所を開設してはや3年目。幸運にも仕事は少しずつ増え、現在は住宅を中心としたさまざまなプロジェクトが進行している。2012年末に竣工した〈Anh House〉

右は〈Anh House〉内観。天井のコンクリート面テクスチャは、編み込んだ竹シートを型枠に用いている(撮影:大木宏之)
左は〈Binh Thanh House〉現場打ちPCブロックによる外観。開放的な外のリビングを持つ住宅(撮影:大木宏之)

は、クライアントであるアンさんの「高原の緑に囲まれた開放的な暮らしがしたい」という要望から生まれた個人住宅だ。4枚の分厚いスラブと可動間仕切りで、南国らしい風が吹き抜ける開放的な暮らしであると同時に、暗くじめじめしたベトナムの長屋住宅からのオルタナティブとなることを目指している。

発展途上の言葉どおり、ベトナムをはじめ東南アジアの国々は現在まさに急速なスピードで開発が進んでいる。10年後の未来には今とはまったく異なる風景が広がっているであろう。急激な近代化は都市の有り様を一変させる。アーバンスプロールがもたらすプアな郊外の開発、地域性の排除、外資に依存した再開発による判で押したような都市空間。経済合理性と利便性のみが注目され、その場所の持つ固有性、多様性は排除されつつある。これらの問題に建築家が関われる機会は少ないが、他にはないその場ならではの都市像を望む声も少しずつではあるが増えている。

現在進行形であるからこそ、先進国とはまったく異なる近代化を歩む余地が残されているように思う。私たちのような「ローカライズド・アーキテクト（その国をベースとしながら活動するアーキテクト）」は、その場の持つ固有性を発見し、差異化することで東南アジアの新しい都市に向けて関わっていけると考えている。また、経済的格差による貧困や環境問題、住宅問題といった社会構造の急速な変化に伴う問題も多い。実際にはできることは限られているが、そういった都市的、社会的な問題にもコミットしていきたい。

ベトナムに来てからの4年間はあっという間に過ぎ去っていった。それは日本では得がたい貴重な体験の蓄積であったし、今後も毎日が発見の連続であろう。私たちが、海外での仕事に憧れ、途上国での独立まで至ったのは「なにかをやりたい／なにかに挑戦したい」というモチベーションが支えていたからであるように思う。

言うまでもなくアジアは広い。私たちの設計もベトナムを超えて、より大きなフィールドへ広げていきたい。そこでしかできないこと、東南アジアの新しい建築の形を目指して挑戦していきたいと思う。

現在施工中の住宅〈Phu Nhuan House〉の現場。アーチ型の開口部が中庭を介して連続する。お昼休みにはワーカーがハンモックや床に敷いたシートに寝転んでリラックスする

郊外での住宅開発。ほぼ一様な開発がなされ、均質な風景となる

〈注〉

＊1　スペースブロック：3次元のキューブを組み合わせて行う設計ツールで、外部空間を取り入れながら設計することが可能なことから、通風換気条件が求められる高温多湿な環境で適応でき、アジアの各都市で展開していった。小嶋一浩氏、日色真帆氏らによる提案。

＊2　ヴォ・チョン・ギア（Vo Trong Nghia, 1976–）：ベトナムの建築家。Vo Trong Nghia architects を主宰。代表作に竹を構造材に用いた〈Bamboo Wing〉〈wNw Bar〉などがある。

＊3　上海万博ベトナム館／ビンジュンの学校／スタッキング・グリーン：この3プロジェクトは「AR House award 2010」「Arch Daily Building of the year 2012」「FutureArc Green Leadership Award 2010」「World Architectural Festival 2012」などでノミネーション・受賞している。ベトナムにいながら国際的なアワードに挑戦することも可能だ。

サムライ・ジャパンより ローニン・ジャパン

–Beijing

松原弘典

Tokyo Matsubara and Architects

2013年2月7日——日本にいて中国に連絡をとる1日

今日は1日雨だ。朝7時のトップニュースは中国の大気汚染が日本にやってくると言っていた。最近は日本にいると尖閣諸島の問題もあって、周りからは同情に近い口調で「中国にはまだ行ってるの」と聞かれることが多い。２００３年春のＳＡＲＳ騒動の時もそうだった。北京オリンピック前に「仕事が忙しいでしょう」と言われ

北京事務所のようすと、スタッフとやりとりしているノート

ていた時のまぶしい感じとは正反対だ。まあこういう浮き沈みにはもう慣れっこだけれども。

中国で正式に会社を登記して起業したのが２００５年1月で、その年の4月から日本の大学で教鞭をとるようになったから、それから7年はずっと、毎週日本と中国のあいだを往復していた。事務所には水曜から金曜まで出て、土曜に日本に移動し直接大学へ。月曜は朝から晩

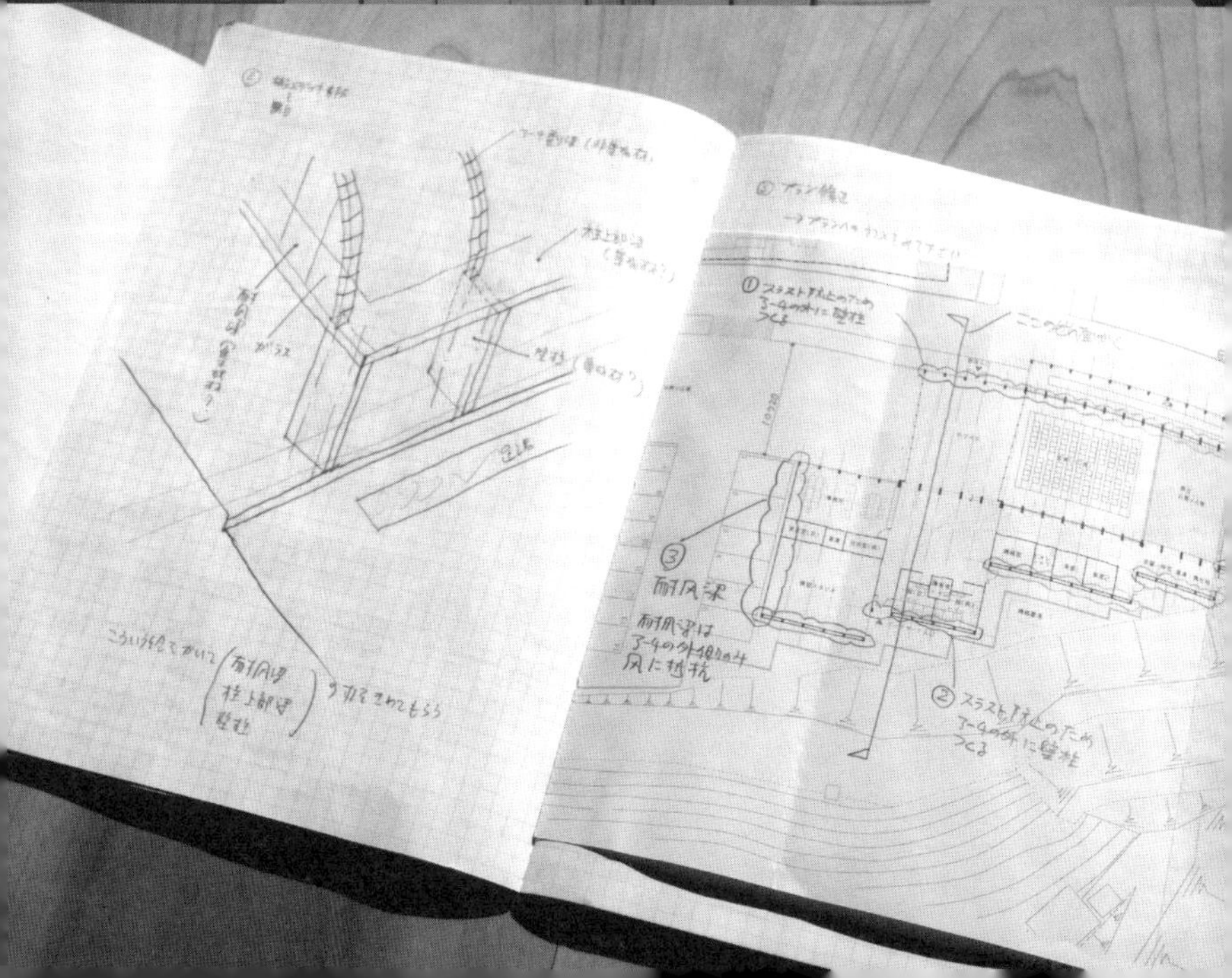

まで授業、火曜は午前中にゼミをやってその日の夕方の便で中国に戻る。水曜に日本にいることもあったが、おおむね自分のワーキング・アワーを6割中国、4割日本と割り振っていた。家族は妻の実家の仙台にいて、私だけが北京と東京を往復する日常だった。

大学8年目の２０１２年には飯田橋に自宅兼事務所を建てて家族とそこに住むようにしたので、今は日本にいる時間が8割で、中国は2割まで減った。北京でのマンションの借り上げをやめて、2週間に一度、火〜木曜で北京のビジネスホテルに泊まるようにしている。今日は日本にいて中国と連絡をとる1日だった。

こちらにいる時は主にネットで北京事務所とやりとりしている。スタッフが描いた図面が深夜に送られてきて、私は朝6時前には起きるので、朝食後の8時から中国の会社が始まる10時までの2時間が勝負だ。文字だけのメールでいろいろ指示することもあるし、スケッチを描いてデジカメのマクロモードで撮って送ることもある。主にメールとたまに電話。ＩＴ化とはほど遠いが今のところこれが一番安定していて、私がファクスもスキャナーもないアフリカの僻地にいても、しょっちゅうある政治イベントで中国のネット速度が落ちても、このやり方ならまあだいたい正確に意思を伝えられる。今日も朝10時までに仕事を終えて、あとは東京事務所でパソコンに向かっていた。日中にメールが来て北京にいるスタッフの山田君に図面をチェックバックして、電話で少し細かい打ち合わせ。秘書の韓さんと飛行機のチケットの確認。1カ月先の予定を常に先行して決める感じは8年間変わらない。

事務所での仕事とは別に、大学の研究室でもいくつかのプロジェクトを動かしている。今日は夕方から都内で大学の同僚と資金獲得のための申請書類について打ち合わせ。私の大学での職位は任期つきなので、研究室もあって外部研究資金なんかも取っているけれど、外から見えるほどは安定していない。そうした私が毎週藤沢のキャンパスに行って授業をするのは、自分の大学での活動時間のおそらく半分くらいでしかない。それと同じくら

東京の自宅兼事務所(上)。築50年の製本会社の倉庫を改築した細長い3階建てのビル。コンゴ日本文化センター(下)は日本語クラスが運営されているほか、中には道場もあり、武道の紹介などがされる予定

いの時間を、キャンパスの外で、研究室のプロジェクト活動の準備に割いている。２００８年からはアフリカ、コンゴ民主共和国で小学校建設のプロジェクトを、２０１１年からは鹿児島県屋久島町口永良部島《くちえらぶじま》で、地域活性化のプロジェクトをそれぞれ進めてきた。去年はコンゴのキンシャサに小学校のほかに日本文化センターを設計し、それが今年竣工して別拠点ができたので、アフリカ通いはますます増えそうだ。

我ながら私の日常は休んでいるのか仕事をしているのかわからない。いつも仕事をしているようでもあるし、いつも遊んでいるようでもある。ネクタイをする機会も満員電車に乗ることもほとんどない。朝早く図面を見て添削しメールすれば、あとは自由に時間を使っている。一方で土日も関係なく作業をしているし、ベッドの上でもパソコンに向かい、飛行機の中でもスケッチを描いている。結果的にほとんどプレッシャーがない毎日を過ごしている。夜はいつも23時くらいには寝てしまうし、今日もそうするだろう。

サムライかローニンか——「聖域」に入らない人生

あらためて振り返ってみても、今までの自分は安定や長期的展望に立ったライフプランに乗らず／乗れずに生きてきた。あとから見るとなにかつながっているように見えるパスも、結局は5年くらいの中期的な自分のやりたいことの行為をつないできた結果に過ぎない。今の日本人の若者にとって「海外で建築を仕事にする」ことは、日本の大学に籍を置くことは別としても、事実上私のような状態になることとほぼ同義なのではないだろうか。すなわち海外に行くのは相応の大志を抱いて出ていくのであって、そのあいだは身分的には不安定ないしは期限つき安定になり、いつも次の目標を探しながら生きているような状態。これはつまり日本の「聖域＝終身雇用のシステム」には入らない、どこかのあいだを漂うようなことでもある。この事実をネガティブじゃなくポジティブに捉え直せないか、というのが私の本稿での主旨だ。

サッカーでは日本代表を「サムライ・ジャパン」って呼ぶけれど、本来あのチームは世界に出ていく「ベストな寄せ集め集団」なわけで、それを封建社会のなかでサラリーマン的に終身雇用されていた「侍」と呼ぶことに私は違和感がある。彼らは正しくは、自分の能力を武器に、その時契約できたクラブを渡り歩きながら生きていく人たちであって、「浪人」という「尊称」で呼ばれるべきではないのか。ぬるま湯の「聖域」に守られている人が世界で勝てますか？　クラブ間の流動性が高いサッカー選手はいつでも浪人になる立場にあり、私は、サッカー日本代表は「ローニン・ジャパン」って呼ぶのが制度的には正しいと思う。

よく考えてみてほしい。建築家が海外の設計事務所で働くというのも一種の「ローニン」状態を選ぶことではないだろうか。国や制度に囚われず、自分のスキルを武器に世界のどこでも仕事を見つけられる人、それがこの肯定的な意味での「ローニン」のあり方である。最近は高校卒業と同時に海外に渡り、海外の大学で建築教育を受けて世界中を放浪している日本人設計者も増えている。こういうローニン・ジャパニーズはもはや終身雇用的な日本のシステムに乗っていないし、「聖域」に守られていないわけでしょう？　名誉ある呼称として「ローニン・ジャパン」を広めたい。私だって将来への漠然とした不安を感じて眠れない夜を過ごしたこともあるけれど、その代わりに好きなことをやってここまできた。こういう状況をなんとかもう少し前向きに捉えたいと思っている。

仕事で中国に行くまで——ロシアのあと日本で働き中国へ

私が大学生だった１９８０年代末は、若者の多くがとにかく海外に出てみたいという意識が強い時代だったと思う。もちろんバブル経済で日本円が世界中どこでも無敵だったという背景もある。私は東京藝術大学には学部で６年間在籍していて、２年間休学して世界旅行に行き、いろいろな建築や建築大学を見てまわったのだけれど、その時に最初に通ったのがロシアで、そこですっかりあの国の言葉と建築にシビれてしまった。そして、２回目の休学の時は迷わずモスクワに滞在し、崩壊直後のソ連中のアヴァンギャルド建築を見てまわったという経緯がある。[*1]

ロシアから戻って日本でもっと建築を勉強したいと思って、大学院は東京大学の大野秀敏さんの研究室に入れてもらった。先生は、ロシアで戦後に大量建設された団地に関する私の修士論文を指導してくださった。その後は伊東豊雄さんの事務所に就職し、〈せんだいメディアテーク〉の実施設計のチームに混ぜてもらったら、あっという間に4年経った。当時の伊東事務所は海外の大型物件が多く、ここで残るとすぐ10年選手になっちゃうと思ったので、次のプロジェクトには残らないで辞めさせてもらった。自分ではこの辞職はいささか早すぎたかなとどこかで思っていて、伊東事務所でやらせてもらった実施設計の後半や現場監理に比べて、コンペや基本設計の進め方は自己流でやっているから今でも自信がない。とにかくまあ独立となったのだが、

藝大3年生のころの古美術研修旅行での集合写真
(最後列左から2人目が筆者)

当然仕事はなかった。独立当初の2000年ごろの日本経済はずっと停滞したままだったし、仕事を見越して辞めたわけでもなかった私は、気分を換えようと思って中国に行くことを決めた。[*2]

中国には大学生の時からよく行っていた。2回の休学の時も陸路の旅行の途中で通ったし、ロシアよりもよくわからない国だったけれど、なにかアジアの国として親しみもあった。学生時代に北京で張永和《チャン・ユンホー》さんの作品をいくつか見て、彼に興味を持つようにもなっていた。中国は今の比ではないくらい経済的に遅れていたけれど、今では想像できないくらいゆったりしていて前向きな明るさがあって好きだった。物価も安くて行きやすかったというのももちろんある。学生時代からロシア関係でお世話になっていた三宅理一さんに中国に行きたいと話したら、遼寧省《りょうねいしょう》瀋陽《しんよう》市の

規劃《きかく》設計研究院（＝都市計画局）を紹介していただけたので、研究院と1年間の雇用契約を結んで渡航した。月給は1万元（約15万円）で、それと別に宿舎を提供してもらったから、当時では破格の条件だったと思う。そのころ中国人の大卒初任給は2000元程度で、瀋陽市長より高給取りだと冷やかされた。伊東事務所を辞めた翌週には瀋陽に行っていた。当時の私は中国語をまったく使えず、渡航して仕事しながら勉強を始めた。

中国での勤務——瀋陽から北京へ

2001年の3月に瀋陽に渡り、規劃設計研究院ではちゃんと月給をもらって仕事をした。瀋陽は中国東北部の最大の工業都市で、重厚長大産業の国営企業の倒産が当時社会問題化していたけれど、それを上回る経済成長や不動産開発が進行中で、研究院はものすごく忙しかった。[*3] 2週間に一度、日曜の朝から市長が計画局にやって来て我々のプレゼンを直接聞くので、隔週で土曜の夜が徹夜だったのはキツかった。前向きな設計者が集められた活気のある職場で、私も自分より若い新卒の中国人をまとめてたくさんの案をつくった。公園計画や集合住宅の初期方案などで、いくつかは数年後に実現したと聞いている。

2001年に1年間在籍した瀋陽市規劃設計研究院

結局、規劃設計研究院は私にとってあまりに川上な部門で、最終的に人が使う空間を設計することができないことは赴任後すぐわかった。そこで瀋陽にいる1年の間に、中国2年目以降のキャリア形成のために、日本の文化庁の奨学金を狙うことにした。「芸術家在外研修事業制度」で、これは審査に1年かかるしいろいろ準備が面倒だが、審査に通ると芸術研修員に国庫金が年間300万円程度支給される。私の場合は最長の3年派遣枠がとれた。中国でこれだけもらえればかなり余裕がある。瀋陽に1年近くいて、そろそろ北京に移ろうという時に受給が決まり、このあと3年は自分のやりたいことだけをやろうとその時決めたのだった。

瀋陽から北京に移ったのは2002年の3月。張永和さんの非常建築研究所に入れてもらった。[*4]学生時代に旅行で北京に来た時に張さんとは知己があったし、受け入れはすんなり決まった。このころの私の中国語は、外部の人との打ち合わせには不十分だったが、事務所内での打ち合わせではなんとか使える程度にまでなっていた。張さんは中国初の個人の名前で設計事務所を始めた建築家で、2001年に北京大学に建築学研究中心が開所して、その主任教授に赴任したばかりであり、彼の下には当時、中国中から野心的な若者が集まってきていた。月給は5000元を提示

非常建築研究所が同居していた北京大学建築学研究中心の外観

非常建築研究所での仕事のようす。左から3人目が筆者

されたが文化庁のお金もあったのでこれは受け取らず、1年間は非常建築でスタッフとして働いた。プロジェクトは中国中にあって、当時の張さんは磯崎新さんとも親しく、日本のプロジェクトまであった。というわけで私の北京での最初の仕事は、磯崎さんプロデュースで張さんが受けていた岐阜の県営北方団地の内装実施図面を描くという内容だった。このころ合間を見て私は日本に一時帰国して日本人女性と結婚し、毎年夏に帰って試験に落ちてばかりだった1級建築士の資格もようやく取得した。日本の住民票を抜いて年金も免除手続きをして、中国にどっぷり浸かった生活を組み立てなおしたのがこのころだ。

前後して知り合った日本に留学経験のある中国人の友人の紹介などで、徐々に自分の名前で仕事がとれそうになってきた。非常建築には1年在籍して辞めたいという話をしたと

ころ、張さんからそれなら大学のほうを手伝ってほしいと言われて、２００３年から2年間、北京大学建築学研究中心で外籍講師（非常勤講師）をしながら、自分のプロジェクトもするようになった。大学院生向けの授業を中国語でしていたのだから、語学もこのころにはなんとか形になっていたのだろう。所属を非常建築から北京大学に移してビザなど身分保障をしてもらい、日本の文化庁にも研修先変更を認めてもらった。初めて自分で設計したのが〈六里橋平房〉[*5]（２００３年）という平屋の工場建物のリノベーションで、ここをしばらく自分の事務所にしていた。そのあとコンペで〈中関村図書ビル内装〉[*6]（２００３年）の仕事をとり、なんとか実施設計と現場監理までこなし、ひととおりの経験を積んだのだった。

〈六里橋平房〉（撮影：CAO Yang）

〈中関村図書ビル内装〉（撮影：CAO Yang）

中国での会社設立と経営――自分の居場所をつくる

大型書店の内装の仕事が終わり、その後も1年くらいはいくつか散発的な仕事が続いたので、そろそろきちんと起業しようと考えた。ずっと中国人に囲まれて仕事をしてきたこの国での生活も4年が経過していた。施主との打ち合わせも施工会社との宴会も中国語でなんとかやっていたし、中国人に書いてもらった契約書を、まがりなりにも自分で確認できるくらいにはなっていて潮時だと思った。会社登記手続きをしたうえで、今まで北京大学につくってもらっていた労働ビザを会社の名前で発行し、ようやく自分で中国に居場所をつくることができた。これが２００５年1月で、文化庁の3年の研修制度もまだあと半年残っていたが、ここでこの奨学制度を辞退することにした。日本に帰るという選択肢はなかった。中国にいるのが面白かったし、日本に戻っても働くってもなかったから。

会社は「北京松原弘典建築設計諮詢有限公司」というのが中国語の正式名称。起業すること自体は代理会社にお金を払って登記手続きをやってもらえばいいので面倒なことはない。財務処理も会計事務所に外注しているから慣れればそう難しくない。負債表（日本の貸借対照表）も利潤表（同損益計算書）も、最近の会計システムは国際化していて、日本の企業会計を少し勉強すればおおむね理解できる。ただ、当たり前のことなのだけど、会社ができた瞬間から毎月売り上げを確認し税金も払わなくてはならないし、中国は3カ月に1回会計を締めないといけないので、売り上げをどう配分するかのバランスをとるのがなかなか慌ただしい。資本金は日本円で500万円、日本の銀行から中国の銀行の会社口座に送金して置いてある。

弊社のスタッフは5〜10人くらいで推移している。日本人は1〜3人。この数年は年間の売り上げは150〜250万元の間くらい。事務所は76㎡で家賃が月6500元のところを借りている。事務所と日本人スタッフ宿舎の家賃、パソコンなどの設備機器費、私が日中往復する交通費などが経費で、一番大きい部分は人件費になる。中国人は学部新卒のみの採用で、建築だけでなくインテリアや景観設計を学んだ若者も混ざっている。採用は建築系のウェブサイトにお金を払って求人情報を出して送られてくる厖大《ぼうだい》な履歴書のなかから丹念に面接して絞るか、大学最終学年でインターンに来る大学生をそのまま卒業後に採用するかのどちらかが多い。日本人は大学院卒の建築専攻の人材がほとんどで出身地はばらばら。給料は日本人と中国人で差をつけている。2012年の実績で中国人大卒初任給は3500元で、これは今の中国では一般的なんだけれど、2年目からどんどん上げないといけない。日本人は家賃負担も込みで考えるとその2〜3倍程度から始める。中国の物価は日本の3分の1くらいの感覚だから中国にいるのであれば十分に暮らせる額だ。日本人のほうが給与額が大きいことに関して、彼らは日本に帰る時に費用がかかるという理屈で社内的には説明している。

北京での仕事はまだまだ難しいし自分では納得がいっていないが、〈Y house〉は施主が個性的な人で比較的うまくできたと思えるプロジェクトだ。中国では仕事が多いとか規模が大きいと言うが、施主の理解があるかどうかが、プロジェクトを面白くできるかどうかの生命線であるということを、このプロジェクトの時に実感した。逆に言えば施主が我々設計者との関係を尊重してくれれば、規模や設計料とは関係なくいい仕事が生まれる可能性がある、ということだ。中国人のパートナーもおらず、特に中国社会に大きなコネがあったわけでもない私が、ここで今までやってこられたのも、こういう出会いに時々遭遇できたからだ。

忘れられないのは2008年に伊東豊雄さんが北京に来てお会いした時。レム・コールハース氏設計のCCTV（中国中央テレビ）の新本社ビルのお披露目見学会に1人でいらして、コールハース氏との夕食やホテルでの朝食に同席させてもらった。翌日簡単な北京ツアーを組

北京郊外の住宅〈Y house〉（撮影：HIROMATSU Misae）

んで2人で行動したのだけれど、〈三里屯《さんりとん》 village イースト〉も見てもらった時に、「(伊東さんらしくやんわりと) マツバラはこんなんでいいのか」と言われたのをよく覚えている。そのあとも折りに触れて伊東さんにはお話しさせてもらう機会をいただいており、大学のアフリカでの仕事は少し褒めてもらえたこともあった。建築というモノを前にするとナアナアな物言いはされない、厳しくもあり誠実でもある伊東さんは今でも怖いです。

会社を設立したころと前後して、瀋陽に渡った時お世話になった三宅理一さんから連絡があり、慶應義塾大学SFCに履歴書を出してみたらと言われ、そうしたら准教授での採用が決まった。赴任が正式に決まったのが会社を設立して数カ月後で、いろいろ悩んだのだけれど中国から通うことにした。大学は10年任期の8年があっという間に過ぎて今に至る。

北京中心部の商業開発〈三里屯 village イースト〉(撮影：SHU He)と、コンゴ民主共和国アカデックス小学校プロジェクト。2008年から毎年1棟ずつ校舎を設計・建設しており、2012年夏には入口にオリジナルのブロックでアーチの屋根をかけた

今後の展開――二つの欲望

私のキャリアは決して長期的に一貫したものではないし、それがあるわかりづらさを帯びている。組織に属した時はどれも期限つきで、同じ会社に定年まで面倒をみてもらうようなことがなかったのが、こうした雑多なキャリアを生んだといえなくもない。多少つっぱって今でも海外に通っているのは、そこに「なにかを成し遂げたい」という自分の欲望があるからだと思う。これは世間的には「夢を見ている」ってことなのだろう。ロックシンガーになりたい中学生と構造は同じだ。私は今年で42歳だけれど、まだ自分はそういうところに立っている。

じゃあ私が成し遂げたいなにかとはなんなのか？ テーマは5年くらいの周期で変えてきた。中国で建築をつくりたい、とか、アフリカで国際協力と建築教育を組み合わせて建築家の職能を拡大するんだ、とか。自分の人生にはまだそれをまとめるような大きな展望は見えないが、[*7] 40代もこういう中期的なテーマを重ねていくしかなさそうだ。こうやって文章を書く機会や、研究費獲得の書類を書いている時などに、その時々の自分のテーマを振り返り、徐々に方向を見極めて軌道修正を重ねている。も

ちろん期限つきの立場ばかりではきついし、自分の居場所が自分でつくった小さな会社だけではとても安定とはいえないのだろう。家族の顔も脳裏に浮かぶ。しかしなんとかこれからも自分は夢を見ながら生きていきたいと思う。

思うに、本稿のテーマである「海外で建築を仕事にする」こと自体は私にとっての目的ではない。それは手段でしかなく、その先には、「なにかを成し遂げたい」という欲望に加えて、「なるべく自由な状態で建築に関わっていたい」という私自身のもうひとつの欲望があるのだと思っている。海外で働くくらいまでその地にのめり込めれば、それはそのあと独立し、仕事のうえで自由度を得るための手段＝武器になるだろう。海外で就業することで、その地の現実を深く知れば、そのあと職能上の自由を手に入れるうえでの大きな前進になる。それは日本で世の中の実際を知ることと同じくらい、あるいは日本の現実を知る大人にとってはそれ以上にスリリングだし、そうした経験自体が次に自分を売り込む武器になるはずだ。これは留学で「お勉強」したってのとは全然レベルの違う話で、会社をつくって外国人からお金をもらって、きちんとそこで経済活動をすることのリアリティは大きい。そうして身に付けた武器があれば、奴隷のように時間を切り売りしながらお金のために働くのではなく、自分のやりたいことのために時間を使って生きていくことができるんじゃないだろうか。「ローニン」は短期的には不安定だが、社会に自由に接している前向きな状態だ。「ローニン」は長期的に安定せず心配というが、長期的に安定した場所なんて昔は日本の終身雇用制度くらいしかなかったし、今の日本ではそれすらもう風前の灯じゃないか。皆に「ローニン」の覚悟が必要だという事実から目をそらすことのできない社会に我々は生きている。

今の私は、中国でつくった小さな自分の会社[*8]と、日本の期限つきの大学職のあいだを漂いながら、ささやかに建築に関わる自由度を手に入れた状態にある。どちらもまだ吹けば飛ぶようなものだけれど、この二つを最大限に利用して、自分の自由度をこれからもっと大きくしたい。目をぎらぎらさせながら「ローニン」であり続けようと言うのには、もうそんなに若くないが、「聖域」に入れたかどうかで汲々とするのでなく、「聖域」を自らつくりだすつもりでやっていく。もうすぐ43歳の私が、あと20年ちょっとで立てられる中期的目標はせいぜいあと数個だろう。今はまだ大きなゴールを決めないで漸進を続けたい。

〈注〉

＊1 私のロシアでの成果はこちらにまとめて載せてもらった。松原弘典「旧ソ連の近代建築を訪ねて」『建築文化』彰国社、1994年12月。世界旅行の話は藤村龍至さんに聞き書きしてもらって以下の本に収録されている。槻橋修ほか『旅。建築の歩き方』彰国社、2006年

＊2 中国に行くことになった前後の経緯は以下の書籍にもう少し詳しく書いた。松原弘典『中国でつくる―松原弘典の建築』TOTO出版、2008年

＊3 瀋陽での仕事のことは以下に書いた。松原弘典「差異を強調する場所―仕事をする場所としての中国」『AXIS』94号、アクシス、2001年11・12月。瀋陽でのアパート生活のことはこちらでもエッセイにした。松原弘典「海外住まい事情　部屋から町まで33　瀋陽（中国）」『新建築 住宅特集』1月号、新建築社、2002年

＊4 非常建築研究所と北京大学建築学研究中心での仕事のことは以下に書いた。松原弘典「消費の渦は新しい建築を生むのだろうか」『新建築』5月号、新建築社、2002年

＊5 六里橋平房：この物件はまだ仕事がないころだったので、研究と銘打って日本の研究資金を獲得し、そのお金で施工して記録を論文にし、しかもそこを自分の仕事場にするというものだった。以下を参照。松原弘典・張永和・高山正行・海日汗・戴長靖「現代北京における内装工事の実態研究―実際の家具製作を通じて」『研究論文集』No.31、2004年版、財団法人住宅総合研究財団、323-334頁、2005年

＊6 中関村図書ビル内装：この物件は新建築に掲載してもらった。私の新建築での作品デビュー。松原弘典〈北京市新華書店中関村図書ビル〉『新建築』9月号、新建築社、2004年

＊7 こういう話を以前原稿にさせてもらったことがあるのを思い出した。読み返すと今の自分はこのころと比べてもあまり変わっていないなと思う。松原弘典「アンダー35のポテンシャル―松原弘典」『建築文化』8月号、彰国社、2003年

＊8 この原稿を書いている2013年5月に、思うところあって北京の会社を東京に移転することを決心した。東京をベースに、NPOと設計事務所をあわせて、商業主義の内ではカバーできない活動をしていくべく現在準備中。

建築のチャンス、世界への挑戦

-Paris

田根剛

DORELL.GHOTMEH.TANE / ARCHITECTS

近況

近頃、週末をパリの自宅で過ごすことが増えた。本を読んだり、文章を書いたり、映画を観たり、友人と会ったり、その時々の好きなことを楽しんでいる。自分のためのゆっくりとした時間、そんなひと時を過ごすようになった。一方、仕事量は格段に増えた。事務所では大小11件のプロジェクトが国内外で動き、5件の現場が進行している。この春は出張が多い。ロッテルダムでの打ち合わせを終えエストニアへ向かう。その後は日本、スイス、エストニア、また日本へと出張が続く。その合間にパリでは進行中のプロジェクトの打ち合わせを行い、週2回コロンビア大学GSAPP[*1]でスタジオを持っている。ヨーロッパに来て12年、事務所を始めてから7年、この数カ月で自分の生活は目紛るしく変わった。

パリ11区にあるDGTの事務所。左側手前から2番目の白い建物

偶然

なにも知らない街、誰も知らない土地、わからない言葉、初めて見る風景、でもそこで暮らし始めるのは苦ではなかった。わからないこと、なにも知らないこと、すべてはそこから始まると思っていた。憧れた街でもない、住みたいと願っていたわけでもない。ただ偶然に導かれるように、自分の直観を頼りに、自分の知らない街で暮らしてきた。

幼少

幼い頃、自分はプロサッカー選手になりたかった。ただ毎日ボールだけを追いかけていた。学校が終われば公園に集まり、友人と共に夜ボールが見えなくなっても、ただ走り続けた。世界のスター選手に憧れ、ワールドカップに出たい、そんな夢を見ていた。高校生になった時、ユースクラブに入った。しかしプロへと育っていくチームメイトの傍ら、自分との実力の差がどんどん開くのを肌で感じ続けた。高校生を終わる頃、プロのサッカー選

自宅から事務所までの通勤路。パリ市が一望できるベルビル公園を抜けて事務所へ行く

手の夢は3年というゆっくりとした時間のなかで崩れていった。サッカーをやめる。道を変えることを選んだ。

進学

勉強などしていなかった。受験をするにも手遅れ、浪人するのはもっと嫌だった。そんな時、たまたま通っていた高校が東海大学の付属校だった。校舎は全国にあり、その中から北海道を選んだ。ずっと東京で生まれ育ったからか、どこか大自然に憧れていたのだと思う。行ったこともない土地ではあったけれど、行こうと決めた。そこに建築学科があった。

ガウディ

大学に入学する前に高校では校長面接があった。進学への志望動機を話さなくてはならなかった。当時は建築といわれても大きなビルくらいしか想像がつかなかった。ただ面接では建築について話さなくてはと思い、慌てて図書館に行った。その時、建築コーナーでガウディに出会った。これが建築なのか……と驚いた。複雑で奇怪な形、光の差し込む洞窟のような空間、遠い異国のバルセロナの風景、そこに映る人々の顔、ガウディの世界に強く魅了された。

大学

大学に入り課題が与えられた。北海道トマムにある安藤忠雄氏の〈水の教会〉を模型でつくる課題だった。図面をもらい眺めてみると、そこには二つの四角い箱が並んでいた。「なんて簡単なんだ」と思った。しかし模型をつくり始めると、そうでもなかった。単純な二つの箱が、実際は複雑な迷路のように精密に構成されていた。図書館に行き〈水の教会〉の資料を探した。本を開き、写真を見た時のことは忘れられない。そこには強く大きな風景が広がっていた。すぐに友人と〈水の教会〉を見に行った。薄暗い前室を抜け、眼の前がゆっくりと大きく広がっていった先に、コンクリートに包まれた聖堂があった。あまりの驚きに動けなくなった。ずっと立ち止まっていた。すると案内の人が「窓を開けましょうか？」と尋ねてくれた。突然、眼の前にあったはずの巨大なガラスの壁面がみるみるうちに開いていった。全身が震えた。向こうに見えていたはずの水辺も十字架も森も音も光も、すべてが体の中に飛び込んできた。「これが建築か……」。初めての体験だった。

海外

20歳の時、初めて海外に行った。英語などほとんど話せなかった。バックパックを背負い、1カ月欧州をまわった。スペインから入り、イタリアを縦断し、フランスを抜けてパリまでを旅した。建築を訪ね、ひたすら歩き、さまざまな風景を見てまわった。ヨーロッパの建物の大きさに驚き、街の色彩の豊かさに喜びを感じ、歴史が重なる街の重厚さに憧れた。一つひとつの些細な出来事、そのすべてに心動かされた。訪れる街のカテドラルや小さな教会をひたすら訪ね、イタリアの街の賑わいと豊かさに惚れ込み、辿り着いたパリの近代建築に違和感を憶えた。毎日が知らない出来事であふれていた。片言の言葉で人と出会い、訪ねる街の質感に触発され、車窓から眺める田園風景も、薄暗い夜の虚ろな街並みも、なにもかもがただ新鮮だった。そしてこの旅が終わる頃、自分の中でなにかが開けていくのを感じた。

留学

翌年、留学をした。偶然にも大学がスウェーデンの交換留学制度を始めたばかりだった。こんなチャンスはないと応募した。スウェーデン・ヨーテボリにあるデザイン学校ＨＤＫ[*2]への留学が決まった。そこで椅子とインテリアを学ぶことになった。工房に入り、手で材料に触れ、実際に椅子をつくる感触を初めて知った。材料を切り、鉄を曲げ、溶接したり、磨いたり、その感触を確かめながら椅子をつくった。言葉もろくに話せないのに、夜中まで無理に工房を開けてもらい、夢中になって作業に明け暮れた。

再留学

一方、せっかく海外に来たのだから、スウェーデンで建築を学びたいと思った。留学後期に向けてヨーテボリ市内にあったチャルマース工科大学[*3]の建築学科に、勝手にポートフォリオを持ち込んだ。担当者を紹介してもらい、後期はここで学びたいと伝えた。その後、連絡が来て「4年生のクラスなら」と、承諾が得られた。今思えば、建築を学びたいと言って自分で勝手に留学先を変えてしまったのだから、強引な話だったと思う。日本に戻って、大学からはこっぴどく叱られた。それでも外国で建築を学ぶチャンスを掴んだ。スタジオではプレゼンの連続だった。ただ毎日が楽しかった。30人のクラスは半分がスウェーデンで半分が欧州の留学生の友達、急に世界が身近に感じられるようになった。

北欧

北欧の生活から学んだことは人生を変えた。北国は成長しない。すべてはゆっくりと成熟へ向かっていた。複雑なこともシンプルに考える。長い時間を掛け、実直に、物事がじっくりと熟成されていく。深く静かな長い冬、その時間が都市や生活やひとを成熟させる。人が人を育てる教育、現実を真直ぐ見つめる姿勢、思慮深い日々の生活、経済からも物質からも得られない深みのある豊かさ、質素で寡黙な温かみのある豊かさ。それは高度に静かに燃える青い炎のように北欧の深く静かな時間に触れた。それは自分の世界を大きく広げた。

卒業後

大学を卒業したあと、再び留学の道を選んだ。もっと北欧で学びたいという想いが芽生えていた。しかし父親からは「大学を卒業したら普通は就職をするものだ」と言われた。新卒から漏れ、社会から外れる、それがどういうことかを伝えようとしてくれた。確かにそのとおりかもしれないと思った。でもその時には北欧での経験が自分の中で大きく膨らんでいるのを抑えることができなかった。最後は自らの意志を伝えると、父は1年の留学を了承し応援してくれた。留学先は、デンマーク王立芸術アカデミー[*4]を選んだ。歴史ある大学だが、建築教育は先進的だった。学科別でプログラムが組まれ、現役で活躍する建築家たちが教えていた。ヨーロッパからの留学生もたくさんいた。西欧の終わり、北欧の始まり。また知らない街での、新しい生活の始まりだった。

就職

コペンハーゲンでの生活は充実していた。大学にはスタジオがあり、建築に夢中になれる環境があった。ここで多くの仲間に出会うことができた。この1年は、人生でかけがえのない時間となった。そしていよいよ留学を終える頃、仕事を探さなくてはと思い始めた。ある日、デンマークの友人から「今事務所で人を探しているのだけど、興味ある?」と声を掛けられた。「ありがとう。考えておく」と答えた。それから数週間後、スタジオ担当教授のジョニー[*5]から「このセメスターのあとはどうする?」と尋ねられた。「ヨーロッパで働こうと思う」と答えた。すると「それならウチの事務所で働く気はあるか？」と聞かれた。ジョニーはデンマークの巨匠ヘニング・ラーセン[*6]の事務所のデザイン・チーフだった。学期のプロジェクトも終わり、公開プレゼンテーションがあった。無事プレゼンが終わったあと、審査に来ていたゲストの建築家から声を掛けられた。「面白いプレゼンテーションだった。ところで君は日本に帰るのか？」と聞かれ、「いえ、こっちで仕事をしようと思っている」と答えた。「そしたらウチの事務所を見学に来ないか？」と誘われた。しかしその時にはすでにヘニング・ラーセン事務所に行くことを決意していた。

ヘニング・ラーセン

２００３年7月ヘニング・ラーセン事務所（ＨＬＴ）での仕事が始まった。ＨＬＴは当時80人を擁する大きな事務所となっていた。担当はコンペだった。最初はドイツ・ハンブルクのオフィス・コンプレックスの招待コンペだった。そして勝った。初めての実施コンペに勝ち、

うれしかった。次にイギリス・プリムス大学のコンペに参加した。これもまた勝った。そのあとにノルウェー・スタバンガーのコンサートホールのコンペに参加し、これは負けた。次にニューヨーク・クイーン・アイランドでのオリンピック・ヴィレッジのコンペを行ったが、これも負けた。そしてコペンハーゲン郊外の高齢者集合住宅のコンペをしている時、自ら人事担当のところに行き「事務所に来てから、自分はコンペばかり担当しているが、できれば実施プロジェクトをやらせてほしい」と伝えた。すると人事からは「ツヨシにはコンペを続けてほしい」とあっさり返された。それからしばらくして、ヘニング・ラーセン事務所を去ることになった。

ロンドン

ヘニング・ラーセンの事務所を辞めてから、仕事はすぐに見つかると思っていた。デンマークで行きたいと思う事務所はすべてに当たってみたが、当時どこにも仕事はなかった。何もかも上手く行かなくなった。先が見え

なくなった。仕事がなければビザはない。ビザがなければ海外には住めない。日本に帰ることも頭をよぎった。でも、まだ頑張りたかった。海外でチャレンジがしたかった。そんな時、イギリスの建築家・デイヴィッド・アジャイの建築を知った。今までに見たことのない異彩を放っていた。彼に会いにロンドンに行った。

デイヴィッド・アジャイ

デイヴィッド[*7]と会ったのはロンドン・ＡＡスクール[*8]だった。彼が授業を終えるのを待ち、出てきた時に「ポートフォリオを見てほしい」と頼んだ。緊張した。ただその時は必死だった。デイヴィッドは10秒くらいポートフォリオを眺め、なんの質問もなしに「明日事務所に来てくれ」と言って、そのまま事務所にアポの電話を掛けた。次の日、ポートフォリオを持って事務所を尋ねた。面接を受け「ＯＫ。いつから来られる？」と聞かれた。自分は「明日からでも」と即答した。

実施設計

２００５年1月、ロンドンでの新しい生活が始まった。都会の生活だった。週末にデンマークに戻り、荷物を詰め込んで一気に引越した。事務所では一人ひとりに担当プロジェクトを与えられた。働けることが、ただうれしかった。最初はジャマイカの別荘のプロジェクトを担当した。初めての実施図面、複雑な表記、密度のある図面、英文での仕様書。どこから手を付けたらいいかわからなかった。それでもただ必死に図面を描き続けた。窓をどうやって取りつけるか、雨水がどこから吹き込むか、どこからネジを取りつけたらいいか、一つひとつの納まりを考え続けた。実施は楽しかった。初めて建物のつくり方がわかり始めた。

ある日

アメリカ・デンバーでの住宅プロジェクトを担当していた。現場を間近に控え、細かな図面の詳細をまとめていた頃だった。バルセロナの友人がロンドンに遊びに来た。週末にその友人と一緒に会ったのが、リナ・ゴットッメだった。リナとは一気に意気投合し、展覧会や舞台などを見に行くようになった。ロンドン・デザイン・ギャラリーの展覧会を見に行った時だった。「一緒にコンペでも出してみないか？」という話になった。話は盛り上がり、何か面白そうなコンペがないかを探し、お互いに集めて来たコンペ情報を持ち寄って話をした。そのなかに「エストニア・ナショナル・ミュージアム」があった。当時のコンペのなかでは規模も内容も最大級だった。初めて挑戦する国際コンペ、夢は大きく見ることにした。

コンペ

コンペに取り組みながらも、普段は朝から夜までは事務所で働いていた。週末にアイデアを持ち寄り、プロジェクトについて話し合った。ある日、リナから同僚の友人をコンペに誘ってもいいかと提案があった。それがダン・ドレルだった。3人でアイデアについて何度も話し合い、互いに妥協せず議論を続けた。そんなある時、航空写真の片隅が削れているのを発見した。それが滑走路だった。その滑走路は、ソ連占領時代につくられた空軍基地の滑走路だった。エストニア[*9]の森を切り裂いたソ連軍の滑走路（全長1.2㎞のコンクリートの塊）、占領時代の負の遺産が横たわっていた。その存在に身震いがした。そして「負の遺産である滑走路と国立博物館を一直線につなぐ」、コンセプトが一気に決まった。締め切りまで残り3週間。事務所の仕事を終えてから、毎晩朝まで作業を続けた。この時はさすがにきつかった。でもコンペに夢中だった。そしてプロジェクトを〈Memory Field〉と名付け提出した。

エストニア国立博物館〈Memory Field〉外観イメージ（提供：DGT）。下はコンペの授賞式にて。右からダン、リナ、筆者（提供：ERM）

滑走路とミュージアムが連結する（左端部分）（提供：DGT）

勝利

2006年1月16日、コンペに優勝した。世界中の108の応募案の中から最優秀案に選ばれた。自分たちのコンセプトが世界に通じたのだ。授賞式は大統領、文化大臣などが訪れ、国を挙げての式典となった。その渦中に立たされた。審査委員だったヴィニー・マース[*10]〈MVRDV〉は「1等となった〈Memory Field〉は審査員の期待を裏切った斬新な提案だった」として、最初から最後まで自分たちの案を推し続けてくれた。エストニアの森の中に建つ〈エストニア国立博物館〉、延床面積34000㎡の設計。この建築を自分たちがつくる、その興奮は抑えられなかった。そして突然、人生が変わった。

独立

独立をした。当時、26歳だった。エストニア国立博物館のコンペに勝ったとはいえ、あまりにも早い独立だった。経験もない、実績もない、なにも知らなかった。一方で、独立とは自分たちの責任で仕事をすること、経営

DGTのオフィス。現在フランス、イタリア、ポルトガル、ハンガリー、ポーランド、日本、ニュージーランド、アメリカなどから集まった12人のスタッフが働いている（提供：DGT）

者になることである。契約書の発行から、収入、税金、保険や補償、スタッフの雇用、給与、設備投資……経営は始めるよりも続けるほうが難しい。そのすべてをゼロから学ばなくてはならなかった。準備する暇などない、すべては一気に進んでいった。

拠点

DGTはダン・ドレル、リナ・ゴットッメ、田根剛の3人を主宰としている。イタリア・レバノン・日本／西洋・中東・東洋／ラテン・アラブ・アジア出身の自分たちが共同で事務所を構える。ダンとリナは元々フランス・パリのジャン・ヌーベル事務所で働いていたこともあり、拠点はパリを望んだ。一方、自分はそれに反対した。海外で独立をするのは簡単ではない。その上、言葉もわからない国で事務所を開くなど不可能だと思った。しかしエストニアが動き出すことになり、作業を進めなくてはならなかった。自分だけの我が侭も言い続けてはいられなくなった。「まず3カ月パリに行き、もし嫌になったらまた話し合おう」と承諾した。ロンドンを離れパリに移った。直観を信じ、ここを自分たちの場所と決めた。

DGT でのコンセプト・リサーチ〈Evolution Wall〉(提供：DGT)

エストニア国立博物館

プロジェクトはコンペ直後からどんどん動いた。打ち合わせは月に1、2回、多い時は月の半分をエストニアで過ごした。陽の沈まない白夜の夏もあれば、冬の白銀に包まれる氷点下20℃以下の日でも、通い続けた。現地での設計形式の違いや、エンジニアとの相違、距離があることで生まれる誤解と衝突。国際間でプロジェクトを動かすのは簡単ではない。それでもプロジェクトはどんどん進んだ。国を挙げての一大事業、ミュージアムからの要求も多い。省エネ対策、寒冷地仕様、国家プロジェクトとはいえ予算は厳しい。独立してからの最初の4年間、エストニアの仕事に没頭していた。未経験と悩んではいられない。ただ毎日が真剣勝負だった。

それから

2010年、エストニア国立博物館のプロジェクトは止まった。原因は経済破綻だった。リーマンショックがあり、続いてEUの経済崩壊があり、予算がなくなった。ヨーロッパでは、コンペの約3分の2が、政治や経済を理由に実現しないといわれている。もう駄目かとも思った。それが2012年の夏、エストニア政府が国債を発行し、プロジェクトが急に動くことになった。事態は急展開し、入札が行われ、施工会社が決定した。2013年3月11日から現場が始まり、33カ月後の完成に向けプロジェクトは一気に加速する。

現場

独立してからさまざまな土地で現場を経験してきた。欧州の建築現場には移民が多い。パリでは、ポルトガルやポーランド、アラブ人や、北アフリカの職人によく出くわす。フランス語の会話が通じることもあるが、通じないことも多々ある。現場の職人に身振りや手振りで物事を伝え、スケッチを描き自らの意図を伝える。また現場の常識も違う。パリでは当然のように工期が遅れる。毎日の現場に遅れて来るのも挨拶みたいなものだ。作業工程は天気のように、常に設計者を悩ませる。イタリアには工程がない。現場が始まるとようやく働き出す。要するに段取りをしてくれない。それでも最後には素晴らしい仕事で仕上げる。伝統が持つ力、職人の気質に感銘を受ける。オランダではまったく逆の経験をした。すべてのプロセスで合議的に合意が得られ、無駄なく役割は明確で、すべては円滑に進んでいった。その一方で無駄がないから、無理もしない。現場ではまったく融通が利かず、できないことはできないまま進み、対応するにも苦労した。さまざまな土地でまったく異なる経験をする。それでも情熱と敬意はどんな現場も裏切らない。よい仕事をするための現場のエネルギー、そこに国境や言語の壁は存在しない。

挑戦

DGTでは、年に数回はコンペに挑戦している。それは新しい仕事を獲るという目的でもあるし、建築の挑戦の場だとも思っている。そこでは建築の力が試される。実績のない若い事務所が、世界のコンペで勝つことはほとんどない。それでも2010年、フランス・RENAULT社による新しいモーターショーのコンペで勝った。10社の面接に始まり、6社までがコンペに選ばれ、丸1年掛けて5ステージまで持ち込まれた。最後の審査は4カ月を超え、結果DGTが勝利した（2012～2015年まで世界約20都市を巡回する）。フランスの大企業RENAULTの威信を掛ける大きなプロジェクトだ。また2012年夏は、日本の新国立競技場のコンペに挑戦した。多くのス

TOSHIBA ミラノサローネ〈Luce Tempo Luogo〉の現場写真（提供：DGT）

ター建築家が参加するなかで、DGTの〈古墳スタジアム〉は最終審査に残った。一瞬大きな夢まで見た。しかし結果は負けた。コンペに負ける時は本当に悔しい。それでも建築に夢を見続け、常に世界のコンペに挑戦したいと思っている。

経験

一方、独立したことで、いくつかのプロジェクトが入ってきた。経験も少ない、未熟な事務所に仕事を頼んでくれたのは、この時代の文化を切り拓く人たちからの依頼だった。最初は演出振付家・金森穣[*11]さんによるNoismの舞台装置（2004、2007、2009、2011年）に始まり、デザイナー・皆川明[*12]さんのミナ・ペルホネンのファッションショー（2006年）やオランダでの「ミナ・ペルホネン展」（2010年）、タカ・イシイ・ギャラリー[*13]

新国立競技場のコンペ案〈古墳スタジアム〉の外観イメージ（提供：DGT）

RENAULTモーターショー・パリ会場（撮影：Takuji Shimmura）

（TIG）の石井孝之さんからFrieze Artでのインスタレーション（2008年）やTIGギャラリーでの個展（2010年）へと続いた。そして指揮者・小澤征爾[*14]さんによるサイトウ・キネン・フェスティバル・松本のオペラ「青ひげ公の城」の舞台装置（2011年）、東京オペラシティでのテキスタイル・プランナー新井淳一[*15]さんの展覧会「新井淳一の布・伝統と創生」（2013年）など巨匠たちとも対峙してきた。日本から世界へと活躍している方々と出会い、共に仕事ができること。この時代に生きる喜びを感じる。

プロジェクト

パリに拠点を置いているとさまざまなプロジェクトが舞い込んでくる。TOSHIBAのミラノサローネ（2011年）、経産省のクールジャパン事業による〈365〉（2012年）、バーゼルワールドでの CITIZEN のインスタレーション（2013年）など、国際的なフェアで日本を世界に向けて発信する仕事を任される。自分が日本を離れ欧州に拠点を置くからこそ、グローバルな視点での提案を期待される。この数年、建物の設計依頼も増えた。横浜でのオフィスビルの改装〈YOKOHAMA BUILDING〉（2013年完成予定）、大磯の住宅〈A HOUSE FOR OISO 路地〉（2014年完成予定）。パリでは二つの内装プロジェクトが動き始め、レバノンで集合住宅〈Stone Gardens〉（2014年完成予定）の現場が進み出した。また、2011年の東日本大震災以降のリサーチとして〈日本の近代化1911－2011〉〈10万人都市〉〈石巻・地域環境計画〉に取り組んでいる。建築家は建物の設計だけが仕事ではない。この時代の文化をつくること、それが建築家として役割だと思っている。

TOSHIBA ミラノサローネ〈Luce Tempo Luogo〉のアプローチ。天井にLED、床に水が敷かれている（撮影：Francesco Niki Takehiko）

バーゼルワールドでのCITIZENのインスタレーション〈Frozen Time〉（撮影：Takuji Shimmura）

今

2013年4月30日、エストニア・タルトゥ[*16]の街が賑わった。コンペから7年を経て、エストニア国立博物館の建設開始のセレモニー「ファースト・ストーン」が催された。若い学生から大人、老齢者も含め、見渡す限りエストニアの人々の顔で満たされていた。そしてエストニア大統領のスピーチが始まった時、そこに集まる一人ひとりの眼差しが、輝きに満ちているようだった。エストニアにミュージアムができあがる。そのことを多くの人が喜んでくれていた。人々が集まる力、希望を願う力、その想いを強く受け取った。建築はすべての人のために開かれている。建築に国境の壁はなくなったのだ。世界はチャンスで満たされている。そのために建築は常に必要とされている。

〈注〉

＊1 コロンビア大学GSAPP：コロンビア大学大学院建築学部、Graduate School of Architecture, Planning and Preservation の略称。

＊2 HDK：ヨーテボリ大学デザイン工学部（University of Gothenburg, School of Design and Crafts）の略称。スウェーデンの第2都市、ヨーテボリにあるデザイン大学。

＊3 チャルマース工科大学（Chalmers University of Technology）：ストックホルムに並びスウェーデンを代表するヨーテボリの工科大学。

＊4 デンマーク王立芸術アカデミー（The Royal Danish Academy of Fine Arts, School of Architecture）：創立は1754年、世界で最も古い建築学校のひとつ。アルネ・ヤコブセンなどを輩出した。

＊5 ジョニー・スーベンボルグ（Johnny Svendborg）：北欧を代表する若手建築家。ヘニング・ラーセン事務所などを経て、2007年よりSvendborg Architects を主宰。デンマーク王立アカデミー教授。

＊6 ヘニング・ラーセン（Henning Larsen, 1925－）：デンマークを代表する建築家。〈デンマーク王立歌劇場・新オペラ座〉〈マルメ市立図書館〉などを手がける。

＊7 デイヴィッド・アジャイ（David Adjaye, 1966－）：タンザニア生まれのイギリス建築家。代表作に、〈IDEA STORE〉〈DIRTY HOUSE〉などがある。

＊8 AAスクール：イギリス・ロンドンの建築学校（Architectural Association School of Architecture）。レム・コールハース、アーキグラム、ザハ・ハディドなど著名な建築家を多く輩出。

＊9 エストニア：東ヨーロッパの国で、バルト3国（エストニア・ラトビア・リトアニア）の最も北側に位置する国。1991年8月20日、ソ連から独立した。

＊10 ヴィニー・マース（Winy Maas, 1959－）：オランダの建築家集団、MVRDVの創立メンバー。

＊11 金森穣（1974－）：りゅーとぴあ新潟市民芸術文化会館の舞踊部門芸術監督を務める、舞踊家、演出・振付家。2004年より、ダンスカンパニーNoism を率いる。

〈エストニア国立博物館〉2013年3月の建設現場（提供：DGT）

2013年4月30日のエストニア国立博物館「ファースト・ストーン」のセレモニーにて（提供：DGT）

＊12 皆川明（1967－）：〈ミナ・ペルホネン〉を主宰するファッションデザイナー。

＊13 タカ・イシイ・ギャラリー：東京・清澄にあるギャラリー。海外・日本のアーティストのためのインターナショナルな発表の場を提供するため、1994年に開設。

＊14 小澤征爾（1935－）：ウィーン国立歌劇場の音楽監督を務めるなど、世界的に活躍する日本人指揮者。

＊15 新井淳一（1932－）：テキスタイル・プランナー。2011年、英国王立芸術大学院より名誉博士号を授与。

＊16 タルトゥ（Tartu）：エストニアの第2都市。

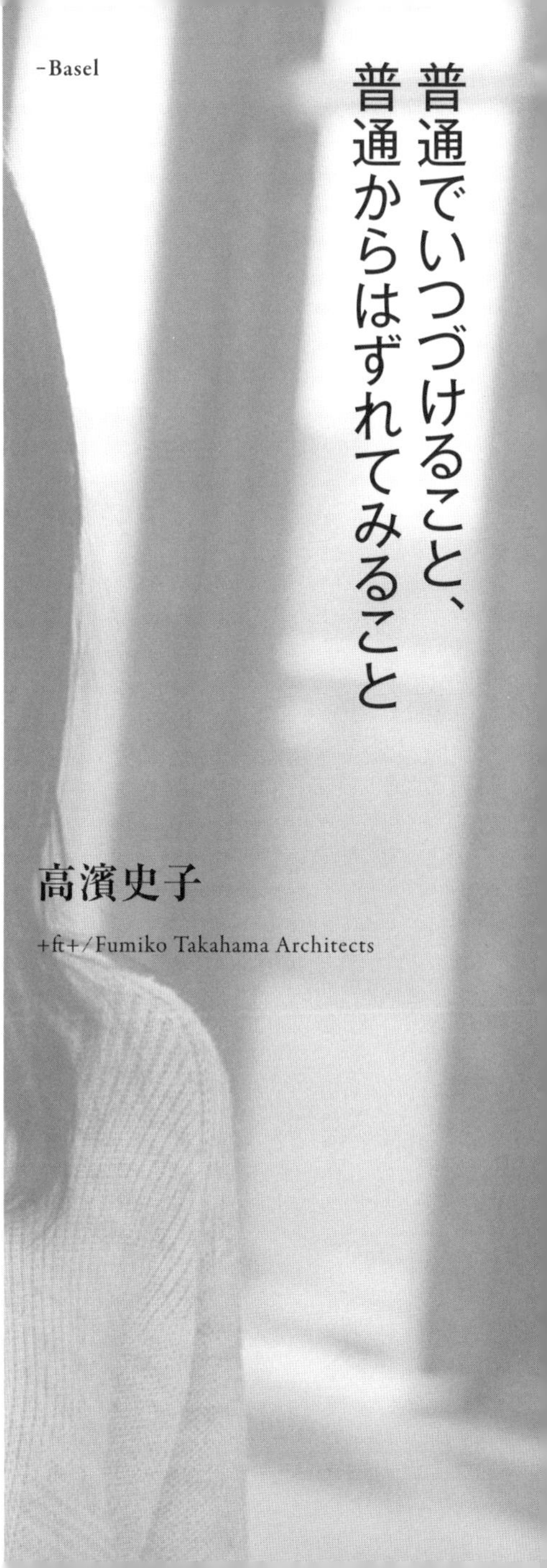

–Basel

普通でいつづけること、普通からはずれてみること

高濱史子

+ft+/Fumiko Takahama Architects

2013年春

今日はどんな1日にしよう。まるで真っ白な1日、日本の気候は決して住みやすくないと、スイスから帰ってきて思っていたけど、今日はなんだか気持ちがいい。

あらためてサクラってキレイだな、と思いながら六甲の山を越える。1年前のちょうど同じ時期に私は日本に

帰ってきた。私の経歴はここで書かなくてもいいはずだけど、あえて始めに書きたいと思う。人に自己紹介をするのがすごく苦手だったのでそうさせてもらいたい。私は今から9年前にスイスへ行き、それからチューリッヒとバーゼルに全部で8年間滞在した。その間クリスチャン・ケレツ[*1]の設計事務所でインターンシップを半年間、チューリッヒ連邦工科大学[*2]（ＥＴＨＺ）でゲストスチュ

ーデントとして1年間在席、HHF Architects[3]（以下、ＨＨＦ）でインターンシップを半年、スタジオバーゼル[4]という都市のリサーチを行っているＥＴＨＺのインスティテュートで修士論文を書き東京大学の修士号を取得、ヘルツォーク&ド・ムーロン[5]（以下Ｈ&ｄｅＭ）で5年間働いた。スイスでなにをしてるの？ と聞かれた時に、うまい言い方がわからないまま今に至る。現在では直近の仕事場であったＨ&ｄｅＭで5年間働いたという部分だけを説明する場合が多いが、この8年間のすべての経験は私にとって切っても切り離せないひとつながりのストーリーである。

東京砂漠

私がスイス行きを考え始めたのは修士1年、東京の情報過多な感じに疲れていた時だった。京都で学部生活を過ごした私にとって、東京はあまりにも広く、訪ねたい建築、アルバイトをしてみたい事務所、面白そうな展覧会、ワークショップなど、毎日どこかでなにか吸収すべきものがあった。そういったイベントでスケジュール帳を埋めることで最初は充実した気になったが、すぐにそれは周囲の学生の知識量の豊富さと、自分自身はまだなにも生み出していないことに対する負い目と焦りへと変わっていった。それは京都で感じていた閉塞感とはまったく違った種類の気持ちで、誰の非でもないし文句を言う相手もいない代わりに、自分はなにがしたいのかという問いに答えられず、それはそれで辛かった。一緒に東京に出てきた親友のちーちゃんの家で「東京は本当に砂漠だね」と言いながら2人でひとつのベッドに寝たのを覚えている。

そんな時、反動で引きこもりがちだった私に、同じ研究室の子がＥＴＨＺの存在を教えてくれた。ここから離れて自分のペースでなにかできるかなとぼんやりと思った。彼の「高濱さんが好きな建築家がこの学校からたくさん出ているよ」という言葉からＥＴＨＺについて調べるうちに留学へと徐々に気持ちは傾いていったが、自分の英語力ははっきりいってゼロ。誰もが私には不可能だと思っていることを実現させたい一心で頑張った。しかしその努力もむなしく奨学金は英語面接で一言も話せず惨敗、その当時は交換留学もなかったのでもうダメかなと思った時に、クリスチャン・ケレツという建築家が日本人のインターンを探しているという情報を教えてもらった。急いでつくったポートフォリオは英語に訳す時間も実力もなく、普通はCVやカバーレターを添えるということも知らずにそのまま送った。英語ができないことがばれないまま受かって、スイス行きが決まった。

クリスチャン・ケレツの事務所

スイスに到着した次の日から事務所で働き始めた。コンペの締め切り前で、そこから2週間休みなしで、ひたすら模型を毎日毎日つくり続けた。とにかく英語もドイツ語もできなくて、説明されても理解できない。わからないのにわかったふりをして頷くこともあった。気がついたら丸1日言葉を話さない日もあった。典型的なイエスマンで、週末の労働を断ったこともなかった。自分は

まるで透明人間になったみたいだと思っていた。ただ私がつくった模型は正確だと受けがよく、それを使っていろいろな議論が起きているのを見て救われていた気がする。その当時事務所はクリスチャンと私を入れて4人。そのうちアーキテクトの2人は〈ロイチェンバッハ(Leutschenbach)〉という小中学校のプロジェクトの実施設計で忙しかったので、新しく始まった住宅〈House with one wall〉は私が担当することになった。転機はクリスチャンと2人でこのプロジェクトをやっていたある日、つくるべき模型がなかった時に描いた平面のスケッチだった。短い時間だったがいつも模型を眺めていたことが功を奏して、新しいロジックを見つけることができたのだ。それ以来、私の意見も時折聞かれるようになり、提案に盛り込まれることも出てきた。

クリスチャンとほぼ毎日建築について語ることができたこの時間はとても濃く、辛い時もあったけれど、今思えばとても贅沢な時間だったと思う。

〈House with one wall〉たったの半年しか関われなかったのに、クライアントは今も私の事を覚えていてくれて帰国前に訪ねた時も快く家の中を案内してくれた

念願のETHZ

ちょうどインターンシップの中ごろに、クリスチャンの推薦でゲストスチューデントとしてETHZに1年間在籍できることが決まった。当初スイスに行きたいと思っていた目的に辿り着けてうれしい。あらためて日本からではなく、その場に行って動くことの大事さを知る。秋から始まった前半のセメスターは彼のスタジオをとった。そこではひとつの課題がコンセプト・ストラクチュア・ディテール・プレゼンテーションというように、いくつかのフェーズにわかれており、アイデア・コンセプトはもちろん重要だが、それぞれの締め切りを守り、提案をディベロップできた作品が評価を受ける。そのころには英語で最低限のコミュニケーションはとれるようになり、もっと言葉を学んで大学でできた友達を通じて人や文化を理解したいという気持ちが湧いてくるようになっていた。そしてこのセメスターで一番の評価を得たことが、それからの大きな自信へとつながった。後半のセメスターはスタジオバーゼルでカサブランカの調査を行

った。それは2週間の現地でのフィールドワークを基にリサーチを本にまとめる課題で、図面や模型がない状態でのディスカッションを通して、コミュニケーション能力がいかに場をリードしていくのに重要かを思い知った。セメスターが終わるころ、当時アシスタントをしていたＨＨＦのパートナーであるシモンに、インターンシップに来ないかと誘われた。同時に他の事務所からもインターンのオファーがあった。少しずつ評価を受け始めた実感があった。

HHF Architects ——ビッグファミリーのような雰囲気

シモンのオフィスＨＨＦは、3人のパートナーで構成されるバーゼルの若手設計事務所である。私が働き始めたころは全員で12人、ドイツ語が話せないのは私だけだった。そのせいもあってか、シモンは仕事のあとも私をひたすらいろいろなところに連れて行き紹介してくれた。プロジェクトや働き方はとてもインターナショナルで、たとえば私が担当した〈Tsai Residence〉や〈Art Farm〉というプロジェクトは、北京に事務所を持つ中国人アーティストの艾未未《アイ・ウェイウェイ》*6とのコラボレーションプロジェクトで、敷地は両方ニューヨークにあった。スタジオバーゼルでグループワークを学び、ＨＨＦで事務所間のコラボレーションの現場に身を置いたことで、トップダウンではなくフラットな関係で建築を設計していくことの面白さを垣間見ることができた。この半年間は模型だけではなく、図面から事務所外とのやりとりまでなんでもやらせてもらうことができ、小さい若手事務所の醍醐味を存分に味わわせてもらった。

ETHZでのクリスチャン・ケレツのスタジオ課題中に作成したパビリオンの模型(右)。HHFでは週に一度持ち回りでスタッフがランチをつくり皆で食べる(左)

修士論文——日本とスイスの板挟み

このころ休学の満期を迎えた。復学して修士論文を書かなくてはならない。帰りたくない一心で思いついたのが、スイスに残ってスタジオバーゼルでジャック・ヘルツォーク（以下ジャック）とピエール・ド・ムーロン（以下ピエール）の指導の下、修士論文を書き、東京大学に提出するという壮大なアイデアだった。私は、結果的にそうならなくても、もしもすべてにおいて自分にとってのパーフェクトストーリーがあるとしたらどういうものか、具体的にイメージを持つように心がけている。これは私が海外で学んだことのひとつだ。30カ国を超える国籍を持つ同僚がいる事務所で働いてみると、それぞれの人が持っているバックグラウンドは本当にさまざまで、人の進路や将来のビジョンを真似てもしかたがない。自分だけの道を見つけてそれに向かうほうが邪魔されず自由だし、いろいろな人に応援してもらえる。昔イメージしていた大学・大学院、アトリエ事務所就職、独立という建築家になるための王道のレールから外れたとたんに無限の道ができた。どのみち人より時間が掛かることはわかっている。この心がけによって日本にいた時の、人と比べ周囲に認められることばかり気にしていた焦燥感から解放された。

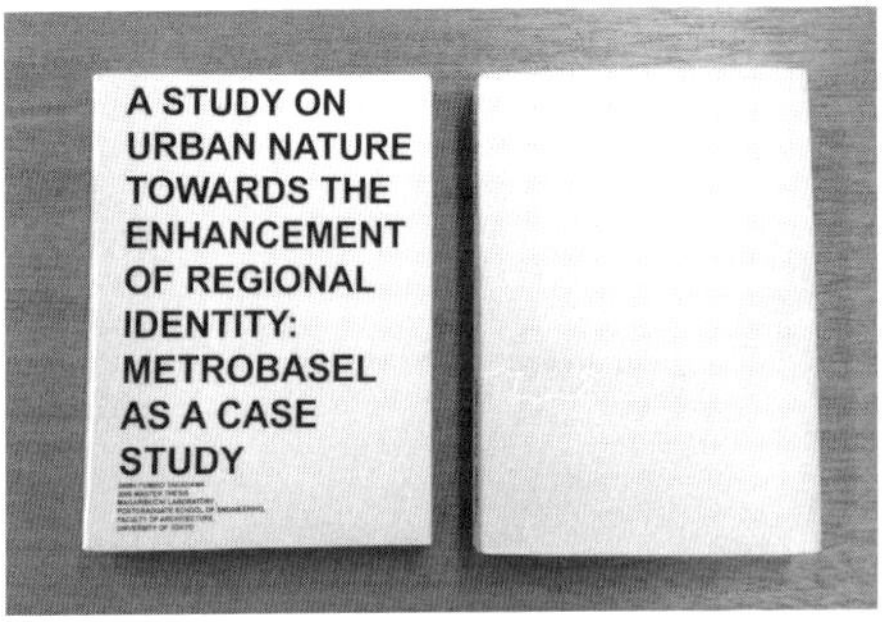

修士論文の本のカバー。左が日本、右がスイスで刷ったもの

実際動き出してみると、丸1年間修士論文のプロジェクトに掛かりきりだった。日本の論文の書き方と、バーゼルのビジュアルメインでプロポーザル重視のやり方の狭間で散々悩んだが、結果的にはETHZでも満点をもらい、東京大学でも無事修士号を取得することができた。3年間のスイス滞在を経て、卒業したら帰国するという父との約束もあり最後まで迷っていたが、夏ごろから始まったジ

ャックとピエールのラブコールに、ついに修士論文が終わるころにはイエスと答えていた。ここから5年間のH&deM勤務生活が始まる。

労働環境

入社してまず驚いたのは、労働環境の充実ぶりである。毎朝10時のコーヒーブレイクになるとカフェテリアと中庭は人で溢れ返り、パンを切ってバターやジャムを塗る人の列、コーヒーマシーンの前にも列ができる。そこで他のプロジェクトの人と情報交換したり、今晩の予定を友達と相談したりする。ブレイクは16時にもう一度。コーヒーとフルーツが準備される。

ライン川を一望できるフロアでの作業は、とても気持ちがよかった。事務所内は、役割分担がはっきりしており、それぞれのプロフェショナルに任せるのが基本。掃除や備品の整備は掃除夫の方に、模型に関することはワークショップの職人さんに、CADや3Dプログラムについての質問は専門のサポートスタッフに、バックアップやその他パソコンや電子機器に関する問題があればITサポートチームに聞けばいい。

プロフェッショナル

事務所で強く意識するようになったことのひとつに「プロフェッショナルでいること」がある。長時間働いているほど評価されると思っていた節がまだあった私に、事務所の日本人の先輩が教えてくれたのは、パフォーマンスという言葉だった。仕事は与えられた時間でいかに効率よくいいアイデアを生むかが勝負だ。残業ばかりで成果がないと最悪クビになるかもしれない。ホリデーは1年に1カ月、残業時間はその分他の時間に休みをとるように言われ、それが無理だった場合は残業代が支払われた。いい仕事をして、休暇を使ってリフレッシュし、またいい仕事に向かう。お金はいらないので雇ってください、は通用しない。また、守秘義務についても厳しかった。多くのプロジェクトについて事務所外で話すことは禁じられており、私のようにコンセプト段階で止まっ

MOI
VOIS

てしまったプロジェクトに関わった者は、事務所を出たあともその内容について発表することはできない。

事務所で働くことの難しさ

卒業してすぐ入所した私は、実務経験がなかったためコンセプトフェーズを中心にいくつかのプロジェクトに関わった。ジャックやピエールと比較的頻繁に会えるうえに、プロジェクトのデザインの大きな方向性を決める仕事の一端を担うことは華やかでやりがいもあったが、その次のフェーズを経験できないことに少しずつもどかしさを感じていた。またスイスで学生だったころとは違い、激しい事務所内競争が繰り広げられていた。友達なのか、ただのライバルなのか。政治力のなさゆえ、心ない噂に悩んだ時期もあった。

大切な人との出会い——トマジンとナタリー

そんななかで、ひとつの転機となったのはトマジンとナタリーとの出会いだった。当時、トマジンは事務所の男社会にあって重要なプロジェクトを率いていた女性アソシエイト、ナタリーは親友となった私の元同僚だ。トマジンのチームで働くようになってから、こういうアーキテクト、リーダーになりたいと思うようになった。彼女は最終的にすべての責任を負うにもかかわらず、コントロールし過ぎることなくチームのメンバー一人ひとりに責任を与え、信頼を示すことでうまく部下のやる気を引き出していた。プライベートでは上司と部下ではなく、2人の女性として仲よくなり、彼女もまた周囲からの嫉妬に悩んだり競争に疲れたりしたことがあると聞き励まされた。ナタリーとの関係は、ここで十分に書ききる自信がない。私がH&deMにいた5年間で彼女は、時に同じチームで働き、恋愛話をし、一緒にバカ笑いしたり泣いたりした親友だ。こうして日本に帰った今も一生ものの友人を得ることができたのは、これ以上ない財産といっていい。

（前頁）事務所のカフェテリア。ブレイクがはじまってすぐのまだ混む前の風景（撮影：Eik Frenzel）

バーゼルでのライフスタイル

ここで少し事務所外での生活について話したいと思う。私はすごく都市的（インターナショナル）で同時にすごく村的（ローカル）なバーゼルが大好きである。中心部で人口約18万人の小さい都市であるにもかかわらず、たくさんの美術館があり、バーゼルワールドやアートバーゼルという世界的な見本市もホストするため、文化レベルが非常に高い。現代建築の宝庫でもある。平日で仕事が忙しくない時は、同僚と一杯飲んだり、ジムに行ったり、友達の家に招待されてご飯を食べたりしてから帰宅。暖かくなり、ライン川の河川敷で遅くまで飲んでいると事務所の同僚が徐々に集まり、知らない間に大人数になっていることもあった。スイスは全般的に物価が高いが、外食は特に高いため友達とディナーを食べる時は、お互いを招待しあいホームパーティーを楽しんだ。そのおかげでいろいろなフラットや人の住まい方を見ることができたのはとてもよかった。

ライン川。河川敷沿いにいくつか屋外バーがあり夏は本当に気持ちがいい（撮影：Nathalie Rinne Hirabayashi）

デザインリーダーとしての経験

仕事に話を戻すと、リテイルのプロジェクトが止まって落ち込んでいた時に配属されたプロジェクトで、初めてデザインリーダーというポジションが与えられた。役職として存在しているものではなく、「デザインについて」というかっこ付きではあったが、プロジェクトマネージャーの見習い的な立場で、初めてのリーダーシップを発揮する機会。指示をするだけで手を動かさないリーダーになりたくないと、自分にも作業を振り分けたが、なかなか自分の時間はとれない。気づくと夕方になって初めて自分の席に座ることもあり、遅刻気味だった出勤も、人が来る前の朝の時

間を使おうとするうちに自然と早くなった。気づけばちょうど、事務所に入ってから2年が経っていた。

H&deMでは、事務所内でのキャリアを目指す人もいるが、海外から来ているアーキテクトの多くは、ここでの経験を基に将来自分の事務所を立ち上げることを目標にしている人が多い。2～3年目から、同期にもそわそわした雰囲気が漂い始め、このころから私自身の独立も、スイスなのか日本なのか、どのタイミングなのかを意識し始めた。

個人のプロジェクト

そんな折、思ってもいないところから個人プロジェクトのチャンスを得た。友人のちえこさんに、彼女が経営する「HANDMADE」というバーゼルの旧市街にある、服や小物を売る小さなショップでの空間インスタレーションを任された。もちろんショップとして機能することが前提だから、テンポラリーな内装といったらわかりやすいかもしれない。H&deMでは事務所外での一切の

友達の家でのディナーの風景。窓の外はバーゼルの旧市街

設計活動が契約で禁止されているにもかかわらず、アートインスタレーションとして扱ったこと、思い切って隠さずジャックとピエールに相談したことで、特例を認めてもらうことができた。そんな背景もあって、このプロジェクトでは「鏡のように見える写真」と「その鏡の中の世界から飛び出てきたディスプレイ用の家具」という極めて建築的でない要素を使って設計を行っている。これがとても好評で、2カ月の予定だったインスタレーションは1年半そこに居座り、そろそろまたリフレッシュしたいというちえこさんの要望により提案した、〈Cropped Staircase〉という二つ目のインスタレーションはそれ以来、現在もショップの内装として役割を果たし続けている。

これはおまけだが、私は昔から服が大好きで、事務所へ通うのにも常に新しいアウトフィットを心がけていた。それを共通点にH&deMの女性アーキテクトやインターンと友達になることもあり、冗談半分にH&deMのファッションリーダーといわれたりもした。ちえこさん

ひとつ目のインスタレーション〈Extending Symmetries〉。使用後の写真と家具はアートピースとして購入されていった（撮影：Eik Frenzel）

とのつながりで、パリで靴のモデルのアルバイトをした時には、セールスマネージャーに「ミラノ・ニューヨークコレクションにも一緒にまわってほしい」と言われた。冗談みたいな話だが、自分の建築以外の世界が広がる余地がある、これもヨーロッパに住んで働くことの醍醐味ではないだろうか。

独立へ向けて　パート1

その後いくつかのエキサイティングなプロジェクトに関わったが、残念ながらコンストラクションまでひと続きに進行するプロジェクトには巡り合えなかった。これはもう運としか言いようがない。下手すれば10年働き続けても関わったプロジェクトがひとつも建ったことがないという可能性もある。自分の身近な先輩や後輩の活躍を耳にする機会も次第に多くなり、焦りが募るようになっていった。充実した楽しい時間を過ごしてきた自信はあるが、日本のアトリエのように週休ほぼゼロ日で短期間に実務を身につけている人に比べたら、私は3年働いた今もなにも知らない。とにかくどんなプロジェクトでもいいから最後まで経験して、一人前の建築家になりたいという思いが抑えられなくなり、ついにジャックとピエールに打ち明けた。

実施のプロジェクト

すぐさま3人でのミーティングがセットアップされた。一度決めたことだからどんな条件が提示されても気持ちが変わることはないと思って望んだにもかかわらず、2人の熱意に結論を1週間先延ばしすることに同意してしまった。後日提示された条件はあまりに素晴らしく、思いだけで飛び出そうとしていた私を一瞬にして黙らせた。次の週から私はピエールの自邸のリノベーションプロジェクトを担当し始めた。普段H&deMでは言語や経験値など種々の条件がプロジェクトとマッチしないと即その条件に合う人と入れ替えられる。とにかく必死で働いた。実施図面に至っては使ったことのないアーキCADで描かなければならないというおまけつきだった。ボスでありクライアントでもあるピエールのしごき、朝の早起きや現場でのドイツ語でのコミュニケーション、女というだけでなめられる、など苦しかったことを挙げればきりがないが、ここで得た経験はなににも代えがたい。1枚の図面が果たす役割、1本1本のラインの大切さ。寸法の意味、現場で合わせることの感動。遅いかもしれないが図面は伝えるための手段であり、建築を建てるために必要なものだという認識がここで初めて生まれた。そして描いたものが立ち上がった瞬間はやはり感動した。夢中でやり遂げたプロジェクトは、ピエールだけでなく奥さんもとてもハッピーだと伝えてくれた。

二つめのインスタレーション〈Cropped Staircase〉。現在もバーゼルにある（撮影：Iwan Baan）

独立へ向けて　パート2

ジャックとピエールとのミーティングで、もっと責任のあるポジションで実務まで経験するには、ドイツ語の習得が不可欠という結論に達していたので、ピエールの自邸が完成してから2カ月間、ドイツのフライブルクでドイツ語を学んだ。この実務と言語という二つの強化プログラムのような期間を終えた後、私は事務所に戻った。これでちょうど4年。5年目はついにドイツ語のプロジェクトに配属され、実施図面を描く仕事に従事し、ある意味求めていた環境を手に入れたが、私の気持ちはすでに独立から離れることはなかった。事務所内の政治や競争に心を砕いている時間がもったいない。絶妙のタイミングでブタペストから日本へ帰国した伯父の住宅の話も持ち上がり、事務所に恩返ししきれていないことに少し罪悪感を持ちながらも、再度ジャックとピエールに相談した。

事務所最後の日、ジャックとピエールにお願いして3人で撮ってもらった

最後のプロジェクト

「相談がある」という私にジャックは「僕たちもちょうどフミに話がある」と言う。それは新しいプロジェクトのオファーだった。私は自分のビジョンについて話し、今後自分がどこを生活のベースとして生きていくのかを知るためにも、どうしても一度日本でやってみたいということを伝えた。すると「その住宅を終わらせて戻って来てね」と少し悲しそうに、でも最後はウィンクしながら了承してくれた。その素敵なプロジェクトも「予定どおりやろう。僕らとフミでやる最後のプロジェクトだから、3人で」ということで、最小限のチームでひとつの小さなプロジェクトをまとめた。そしてそのプロジェクトは今も進行中のはずである。帰るタイミングを間違っ

てないといいけど。私にとって彼らはヨーロッパのプロフェッショナリズムを教えてくれたボスであると同時に、学生時代から私をスイスに置いてくれた親のような存在でもあった。

帰国して今、これから

かくして私は日本に帰国し、現在は神戸大学の研究員という立場で働く傍ら、自分の小さな設計事務所を始めて1年が経とうとしている。独立のきっかけとなった伯父さんの住宅のプロジェクトがなくなった時はとてつもなく落ち込んだが、京都で開催された現代アートの展覧会の会場構成や、事務所スペースを借りているKIITO[*7]のイベントで子どもたちと小さなパビリオンを設計・施工したりと、バーゼルや大学の先生・先輩、地元のつながりから少しずつお仕事の機会をいただいている。一緒にファッションやゴシップを語る友達も、優秀なサポートチームもいない生活は寂しいし大変だけれど、さいわい興味を持ってくれた学生たちと楽しむことを忘れず作業に取り組んでいる。

引越し前、靴を整理している時の写真。約100足を日本に持ち帰った

　あえてここでは、自分はどういった建築をつくっていきたいかについて話すのを避けることにする。それは、私がＨ＆ｄｅＭという事務所で学んだのは形態的な表現ではなくて取り組み方であり、Ｈ＆ｄｅＭに設計を頼むクライアントが「Ｈ＆ｄｅＭ風」ではなく、「見たことがないもの」を求めてくることに通じているのかもしれない。

　ミーハーだけど社交は苦手、やる気はあるけど怠け者で、四六時中建築のことだけを考えている熱血学生にはほど遠かった8年前から、今もこうして諦めずに建築をやっていこうと思えているのは、あの時思い切って日本を出た、ただそれだけのことだ。これからも変わらず、自分がのびのびできる環境をつくること、深呼吸できる場所を見つけること、それらに対して貪欲でいることが最終的にいい設計をすることへとつながっていくのだと思う。日本でうまくそういう場所を見つけられるのか、それともスイスなのか、両方なのか、ちょうど1年が経った今もはっきりせず不安でしかたないが、この機会もまた何かにつながっていくに違いない。この原稿を書き終えたら「もしもパーフェクトストーリーがあるとしたら」を、久しぶりに思い描いてみようと思う。

　この「なんでもないごく普通の私」を忘れずに、私の最大の強みである出会う力を信じて、これからも真摯に建築と向かい合っていきたい。

「アブストラと12人の芸術家」の会場構成（撮影：Iwan Baan）

〈注〉

＊1　クリスチャン・ケレツ（Christian Kerez, 1962－）：チューリッヒを拠点に活動する建築家。代表作に〈ワルシャワ近代美術館〉など。

＊2　チューリッヒ連邦工科大学（ＥＴＨＺ）：スイス連邦工科大学チューリッヒ校。世界有数の工科大学で、サンティアゴ・カラトラバ、ヘルツォーク＆ド・ムーロン、ベルナール・チュミなど著名な建築家を多く輩出している。

＊3　HHF Architects：ティロ・ヘルラッハ、シモン・ハルトマン、シモン・フロンメンヴィラーの3人によるバーゼルを拠点とした設計事務所。代表作に〈ルタ・ペレグリ／プロジェクト〉など。

＊4　スタジオバーゼル：ＥＴＨＺの分校として１９９９年にロジャー・ディーナー、ジャック・ヘルツォーク、マルセル・マイリ、ピエール・ド・ムーロンによって設立された現代の都市リサーチを行っているインスティテュート。

＊5　ヘルツォーク＆ド・ムーロン（Herzog&de Meuron）：１９７８年にバーゼルでジャック・ヘルツォークとピエール・ド・ムーロンにより設立された設計事務所。代表作に〈テート・モダン〉〈北京国家体育場（鳥の巣）〉などがある。

＊6　艾未未（Ai Wei Wei, 1957－）：中国の現代美術家、建築家、社会評論家。

＊7　KIITO：デザイン・クリエイティブセンター神戸。

建築と非建築をシームレスにつなぐ

—NY, Taipei

豊田啓介

noiz architects

日常と環境

昨夜台北出張から戻り、明日からは北京の清華大学でスタジオが始まる。出張の合間の1日だけ滞在できた、引越したばかりでまだダンボールだらけの東京の事務所で、溜まっている各プロジェクトの所内ミーティングのあいだにこの原稿を書いている。ノイズのメンバーたちもそれぞれ複数のプロジェクトを抱えて慌ただしく動いている。

ノイズ（noiz architects）は東京と台北をベースとしたチームで、建築を中心に、プロダクトやインスタレーションなども手がけている。主にはコンピューテーショナルデザインやその周辺の分野、デジタル技術が可能にする表現やプロダクションの可能性を、デザインという視点から実践的に切り拓こうとしている事務所だ。コンピユーテーショナルなデザインや施工の手法はアジア全体でも一気に興味が高まりつつある分野でもあり、ノイズの活動もデザインプロジェクトやレクチャー、展示など含め過半数が海外で、自然と出張も多くなる。

僕は千葉の埋め立て地、典型的なニュータウンの大規模マンションに住む、典型的なサラリーマン家庭に育った。親類にクリエイティブもしくはアーティスティックな仕事をしている人もいない。中学は陸上部、高校は野球部と体育会系の部活に浸りきりで過ごした。特に国際的な家庭でもないから、急に就職が決まった卒業前に慌ててバックパックでイタリア、ギリシャ、トルコをまわるまで海外など行ったことはなかったし、まさか自分が国際結婚をして、月に2、3回の海外出張を繰り返すような環境で仕事をすることになるとは想像もしていなかった。

特に建築に関わりがある環境ではないものの、小さい時から絵を描くこと、ものをつくることがとても好きで、なにかあれば工作をしたり絵を描いていることが多かった。母親が既製品のおもちゃを買い与えることに否定的で、その代わりに日用品の空き箱、木片などを大量にためて、それを自由に組み立てたり削ったりすることだけは自由にさせてもらえたので、ものを立体的に構成する、構造を考えることが自然に身についたのかもしれない。中学に入るころにはいつも街中を歩きながらいろいろな建物を見て、自分だったらこう建てるのにとか、なんでこんな格好にしたんだろうなどと考えていた。自宅の窓から当時一気に開発が進んでいた幕張新都心が見え、受験勉強の気晴らしに夜中の幕張を毎晩のように徘徊しては興奮していたのが、建築への興味を自覚した最初かもしれない。以来、建築家になるということは夢でも目標でも選択でもなく、不可分な自分の一部であり続けている。

かといって大学に入る前に建築の勉強をしたり、知識を広げていたわけでもない。1年間の浪人生活を経てなんとか東京大学に入学した。東大では専門として建築を学ぶのは2年生の後期からで、実質2年ほどしか専門教育を受けない。特に僕の代は校舎の改装で学期ごとに仮製図室が移動し建築図書館もほとんど使えない状況だったから、授業や試験の拘束がゆるい校風もあいまって、建築の学習は製図室に入り浸るか旅行に出るかという、自学自習の傾向が強かった。そんな環境で建築を勉強しているうちに、違う水の中で呼吸をしてみたいという欲求が湧いてきた。大学の指導や価値観には閉塞した雰囲気を感じていたし、正直なところ大学にいることで世界の第一線の建築家の視点を感じられるとはとても思えなかった。とにかく今と大きく異なる価値観の中に身を置くことで、初めて見えてくるであろう世界に興味があった。

想定外の就職

大学院に進んでから奨学金を確保して留学しようと院試の準備をしていた4年生の7月ごろ、大阪の安藤忠雄建築研究所に行っていた先輩から突然、夜中の電話で、安藤事務所に来る気があるかと聞かれた。しかも土曜日の夜中で、月曜朝までに返事をくれという。就職など毛頭考えたこともなかったし、当時好きな建築家はフランク・ゲーリー[*1]という調子だったから、突然の話に混乱してとりあえず朝まで1人で畳に座って考えた。大阪という場所で、間違いなく超一流の事務所で実務をするということも、確かにまったく違う水に身を投じることになる。週明けには大阪に行き、話を聞いたうえで、入所したい意思を伝えた。今考えても、よく決断できたものだと思う。

安藤事務所で叩き込まれたのは、アイデアをかたちにする明快かつ具体的な方法論だ。大きなコンセプトから細かなディテールまで、根本の考え方を純化して補強するという大目標をいかに見失わずに、時間的、空間的にア

2013年の3月に引越したばかりの、ノイズ東京事務所のようす

レンジしていけばよいのか、その一つひとつの判断のしかたが明確に整理できた。このトレーニング期間は、とにかく私を捨てて事務所の価値体系を覚え込む丁稚奉公のような貴重で重要な時期だった。最初にフォートワースの現代美術館のコンペ、その後、淡路夢舞台の展望テラスや各種フォーラムからなる第3工区やランドスケープ、四国にある木造寺院の光明寺などを担当させてもらった。原則1対1で安藤先生と対峙するスタイルで、常に複数のプロジェクトを担当し、かつ現場常駐はできないシステムなので、とにかく密度高く効率的に仕事を運営することが必須になる。プロジェクトを常に先の先まで見通しながら大小さまざまな要素を予想し準備し判断していく感覚は、この時に鍛えてもらった。

仕事を経てから大学院へ

刺激的で密実な時間を過ごしながらも、やはり海外で異なる価値観の中に身を置いてみたいという学生時代からの欲求はどうにも抑えきれなくなり、4年経った２０

００年に担当していた複数のプロジェクトが同時に終わるタイミングで安藤事務所を退所した。留学先に関しては少しでもわかる言語は英語くらいしかなかったから英語圏のどこか面白いところ、すでに4年間の密度ある実務を経験していたので、あまり大学院に時間を使わずに済むところを探した。純粋に学びたいというよりは、安藤事務所スタイルでしか建築が考えられなくなっていた、自分の頭と体をリフレッシュするための長期休暇と捉えていた。結局はニューヨークに一目惚れしたという、ほとんどそれだけの理由でコロンビア大学ＧＳＡＰＰを選択した。1年間（夏学期を含めて3セメスター）でＭＳ（修士、Master of Science）がとれるＧＳＡＰＰのＡＡＤ[*2]は僕にはまさにぴったりでもあった。

当時のＡＡＤはバーナード・チュミ[*3]が学部長（Dean）だった時期で、強力なリーダーシップとネットワークで建築教育のデジタル化を他に先行して推し進めていた。しかしそんなことは実は事前にはほとんど知らなかった僕は、なんとなくコンピューター系のイメージが強くて面白そうだ、くらいの感覚でいた。今振り返ってみると、当時のGSAPPはペーパーレススタジオ（検討も提出もエスキスも、スタジオ課題はすべてコンピューター内で進む）などの実験的な試みが徐々に定着して実績を出しつつあり、まだ実社会で結果は見え始めてはいなかったものの、新しい動きがまさに生まれつつある、稀に見る面白いタイミングだったように思う。現に、今世界の先進的な大学で特にコンピューテーショナルな手法を教えている、もしくはそうした事務所を中心的に動かしている人材のなかには、同時期のGSAPP出身者がかなり多い。建築以外でも映像や映画、メディアアートなどの世界に多数の人材を輩出している。

ちなみに、日本では大学院には学部からそのまま上がることが大前提のようだが、少なくともアメリカの大学では必然ではない。むしろ実務を経て大学院に（専攻もまったく変えて）戻る人は多く、だからこそ持てる多様な視点が重要な学びの要素になっている。僕は留学の相談をされた時には原則として、実務を経験して建築をより多くの角度とスケールで見られるようになってから大学院に行く、留学することの利点を説くようにしている。

英語に関しては、大阪での最後の1年はNHKのラジオ英会話をタイマーで録音し、どんなに遅くなっても帰宅後2時間ほど繰り返し練習することをベタに続けて準備した。それでも最初は授業もなにもわからず、1年間の大学院課程を終えてなんとか少し慣れたかと思いつつ仕事を始めると、今度は職場の英語がほとんどわからない。1年ほどして所内の英語にようやく慣れても、電話での打ち合わせはさらに難しく、現場では、初めて会う人が口にする数字が頭に残らない（数字があやふやでは仕事にならない）。どこでも英語で1人で仕事をまわせる自信が持てたのは、仕事を始めて3年程度経ってからだと思う。石の上にも3年とはよくいったもので、語学も仕事環境も、コンピューテーショナルデザインのような新しい考え方も、本当に自分の血として肉として使いこなせるようになるには、なぜか3年という時間がクリティカルに出てくるように思う。体の神経系と筋肉、脳のコーディネーションには運動でも言語でも、無意識の連動ができるようになるには一定の時間が必要なのだろう。

SHoP Architects というオフィス

留学当初は、1年間の充電を終えたら早々に日本に戻って独立するつもりでいた。しかし在学中に知り合ったSHoP Architects[*4]のパートナーたちに誘われるまま、Practical Trainingという就学ビザに付帯する1年間の就労許可制度を利用して、1年だけという前提でＳＨｏＰで働くことにした。

当時はまだＮＹは90年代のBlob Architecture[*5]が全盛の時代で、ＳＨｏＰはそのなかでも稀な、デジタルならではのデザイン性と施工性に着目して可能性を切り拓こうとしていた若い事務所だった。厳格な安藤事務所とは対照的に、皆友人のような小組織で、一番実務経験があるのが僕という環境の中、自ら発想することが求められるという、当たり前すぎる事実に慣れるまで、ある程度時間を要した。特にＮＹ的なオープンな事務所の雰囲気は、日本の設計事務所の常識に固められていた僕にはとても新鮮だった。毎週金曜日には友人たちが集まり、事務所でワインやスナックを囲んだハッピーアワーが始まり、平日も19時には帰宅して事務所とは別の多様なＮＹライフを楽しむ時間を持たせてくれる。週末や休暇もかなり自由に時間が使えたから、旅行に美術館にパーティーにと本当によく遊ばせてもらった。この時に多様な職種や国籍、価値観の人といろいろな場で時間を共有できたこと、それを許容してくれた事務所の環境は、今の事務所、ノイズのスタイルにつながる重要な価値感を醸造してくれた。今、日本のアトリエ系事務所としては相当に拘束時間が短いはずのノイズの仕事シフトの原則も、この価値観を少しでもメンバーにも共有してほしいという思いからきている。とはいえ、なかなか日本（もしくはアジア）の社会環境でアメリカと同じレベルでの自由時間の確保と賃金レベルの両立は難しく、いまだに試行錯誤が続いている。

ダウンタウンの11 Park PlaceにあるSHoPオフィス内観。ごく普通のオフィスビルのペントハウスにある(上)。下は当時住んでいたNYのイーストビレッジの風景

同時に自由であるからこそ当然のように皆が備えているプロとしての責任、日本でいう社会通念上相互に「期待」される責任ではなくて、あくまで自分で内部に形成して保つ責任という感覚も、こうした環境だからこそ感じることができたように思う。たとえばアメリカでは残業しない、週末働かないなどということも概してなくて、外部からの圧力がなくとも、必要であれば自分の自発的な裁量で残業もするし、また週末もふらっと事務所に立ち寄って自分が快適と思える分だけの作業を進めておくようなことも普通にある。朝、始業時間の1、2時間前に来て、あえてまだ静かな環境でドーナツとコーヒーを楽しみながら仕事をするということも、ごく普通に行っていた。

SHoPでは、パラメトリック[6]なデザイン手法を実効的に施工のシステムに組み込んだ最初期の例となった、ヴァージン航空のJFK空港アッパークラスラウンジ、FIT（Fashion Institute of Technology）の新校舎C2とマスタープラン、北京三里屯《さんりとん》Village[7]のN3棟、S11棟などを担当した。まだライノセラス[8]などのソフトウェアが出始めたころで、実効的なパラメトリック機能などはなかったため、今考えると果てしなく無駄な作業を地道にこなしながら可能性を追求していた。こういう無駄な作業を体感しているからこそ、今グラスホッパー[9]などのソフトウェアのパラメトリックな威力、多様なソフトウェアやプログラミングの機能をインテグレートできることの可能性を、誰よりも直感的に感じられる面はあるように思う。

コンペおよび設計、施工監理を担当した〈ヴァージンアトランティック航空JFKアッパークラスラウンジ〉(右)と、コンペと設計を担当した、F.I.T.の新校舎C^2棟の外観のレンダリング(左)

しかし一方で、安藤事務所で徹底的に叩き込まれた、20世紀モダニズムに基づいた堅実で体系的な捉え方、実務や施工の現実に関す

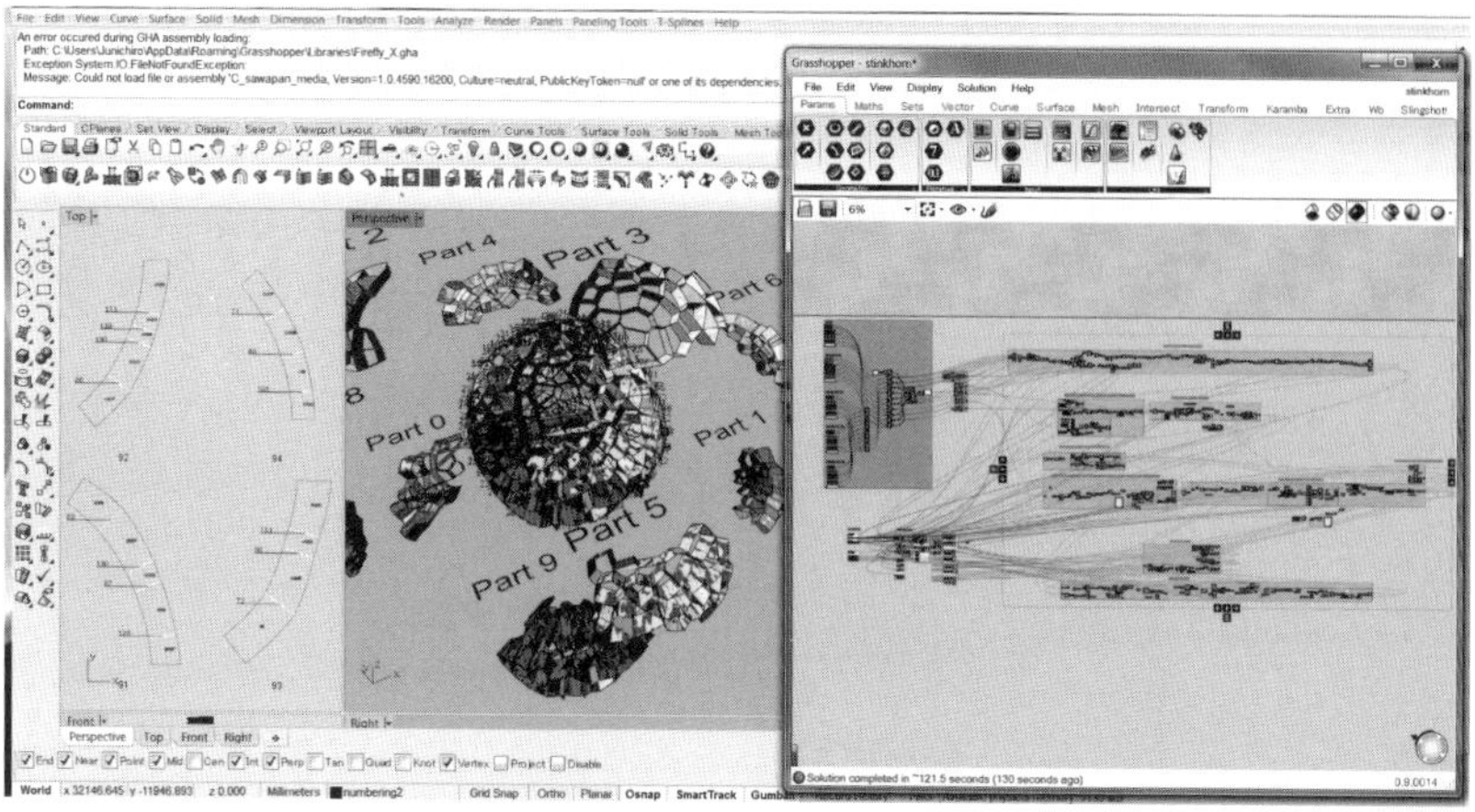

ノイズの実務におけるライノセラスとグラスホッパーの使用例

る繊細な理解を曲がりなりにも持てていたからこそ、逆にコンピューテーショナルな手法の持つ可能性と問題とを、より相対化して理解できたことは確かだと思う。現在ノイズでやろうとしていることも、黎明期にあるコンピューテーショナルな手法にまだ不足している、素材感の表現、施工性や構造との融合された表現、ディテールの洗練といった現実的、感覚的な属性（それは特に日本が得意とする分野でもある）をいかに実効的に物質化していくか、もしくは逆に、これまで正統と思われていた日本で主流な建築的な考え方に、いかに劇的に可能性を広げる手段としてのコンピューテーショナルな自由度を融合させていけるかを示したい、ということに集約される。アジアと西洋、20世紀と21世紀、確立されたスタイルと自由な可能性。それら多様な軸での一見対立的な感覚が、いかに連続した拡張的な概念なのかを示すこと（どちらか一方を否定するような対立項ではないこと）が、ノイズの大きなアジェンダだ。

1年後、当初の予定どおりＳＨｏＰを辞めるつもりで

〈ITRI Research Complex〉の外観イメージ。魚群の動きを系としてコントロールする

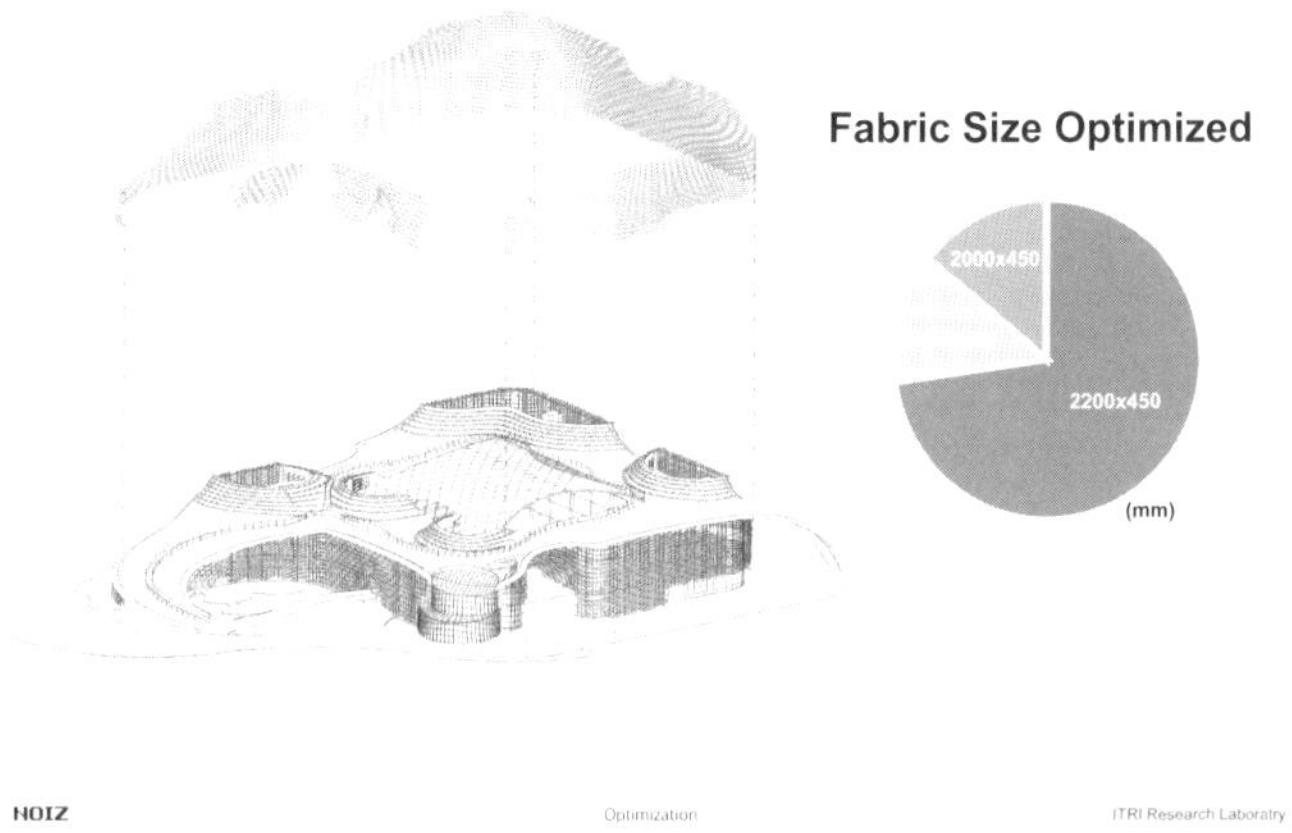

デザインのみでなく、施工性やコストのオプティマイゼーションも可能な限りノイズ内部で行っている

〈ITRI Research Complex〉外観レンダリング(九典連合建築士事務所と協働)。ノイズはコンペ時から建物外観のデザインを担当している

いた間際、担当したコンペで勝つという幸運が数回続いた。H1-Bビザ（一般的な専門職の就労ビザ）に切り替えて1年延長、また1年延期と繰り返し、結局2002〜2006年まで4年間滞在することになった。世界の大抵の場所で自分1人で仕事ができる自信がついたことはもちろん、若い事務所を仲間と一緒に立ち上げて離陸させるという貴重な体験を共有させてもらうなど、結果としてよい判断だったと思っている。あるチームの立ち上げを共有するということは、なにが成功でなにが安定なのかもわからない状態のなか、多くの失敗や手戻りを許容しつつ、それをポジティブに捉えながら進めていくということだ。初めから失敗が許されない環境に置かれることが多い日本の典型的な仕事環境（先を見越して計画するという大事な武器を与えてくれるのだが）のあとで、無駄にも見える失敗を前提にしながら、そのなかからわずかな可能性を探すという新しい仕事への理解を形成できたことは、なにものにも代えがたい財産だ。SHoPのパートナーや立ち上げ当時のメンバーとは、今も特別な信頼感を共有している。

〈ITRI〉現場のようす

2006年に北京で活動されている松原弘典さんに声をかけていただいて、隈研吾さんをマスターアーキテクトとした〈北京三里屯Village〉のプロジェクトに、SHoPとして加わることになった。これを機に、半分の時間をSHoPとして北京のプロジェクトを担当し、半分を自分の活動に使うというかたちで、東京に拠点を移すことを認めてもらった。

一般に、海外で長く仕事をするほど、日本で仕事を始める機会を見つけることは難しくなる。そのなかで収入と活動を維持しながら東京に拠点を移し、新しい活動を始めさせてくれたSHoPパートナーたちの懐の深さには、とにかく感謝の一言しかない。

東京と台北でノイズを立ち上げる

北京とNY、東京とのあいだを週ごとに行ったり来たりする生活を半年ほど経たあと、2007年の春に東京でノイズを法人化した。遅れてNYで仕事を続けていたパートナーも拠点を東京に移し、同時に彼女の出身地でもある台北にも活動拠点を立ち上げて（2009年に現地法人化）、2拠点での設計活動が始まった。経済状態も芳しくない日本では、まだなかなか仕事もなく、より経済が活発だった台湾でのプロジェクトが立ち上げ期の事務所を支えてくれた。その後はプロジェクトの過半を台湾が占める状態が続いている。アジアを拠点に仕事を始めるにあたり、パートナーが台湾人で台湾や中国にネットワークを持っていた強みは大きかった。台湾は経済に

竣工後の〈北京三里屯 village〉

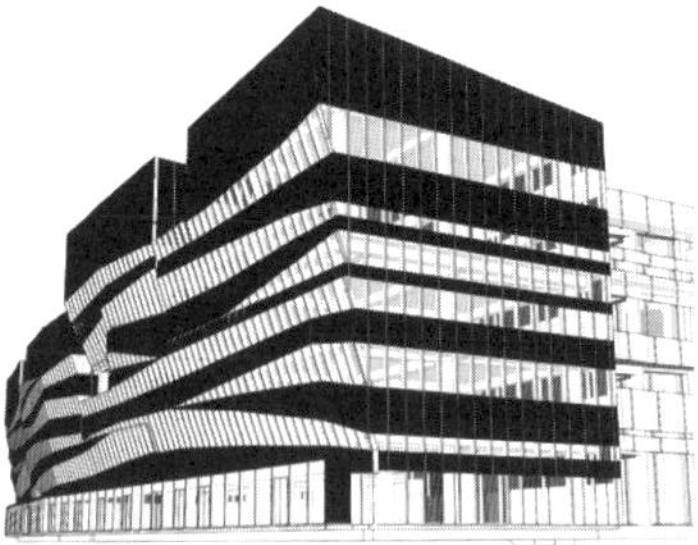

〈北京三里屯 village〉の CG モデルを立ち上げた段階

動きがあるだけでなく、新しい試みに日本よりもオープンな傾向があるように思う。それは同時に計画の甘さや計画途中での変更可能性の高さというリスク要素でもあるのだが、建築界でも社会でもまだ市民権を獲得していないコンピューテーショナルデザインという新分野では、実作をつくる機会を少しずつでも切り拓いていくしか可能性がない。ノイズのような事務所にとって、日本的な感性と中国的な決断力を併せ持つ台湾は、活動を始めるにはとても適していた。

ここ数年、少しずつ日本でも興味を持たれ始めてきたコンピューテーショナルなデザインや施工の手法も、ノイズを立ち上げたころはまったくと言っていいほど知られていなかった。共通の話や質問ができる人を見つけるだけでもひと苦労な状況で、いち早く理解を示し、プロジェクトの実現や、レクチャーな

どの機会を提供してくれたのも台湾だった。先端的な建築設計の可能性を探っていた国立交通大学の曾成徳《ツェン・チェンダ》教授から、コンピューテーショナルデザインの推進役として助理《じょり》教授（日本の准教授）に招かれたのもこのころだ。以来、年に一度はここでスタジオを担当しながら、同時に日本の東京大学や東京藝術大学などでも、コンピューテーショナルな建築デザインの手法、考え方をシェアし、発展させる活動に徐々にではあるが関わりつつある。

チームとしての経験値

２０１３年現在、ノイズのプロジェクトは建築系が5割ほど、インテリアや家具、工業デザイン関連が3割程度、インスタレーションや展示計画が2割程度で、いわゆる非建築系の割合が増える傾向にある。生成原理やプロセスのデザインなどにより深く関わるようになるにつれ、デザインのアウトプットがいわゆる建築である必然性は低くなる。既成のジャンル分けや常識（建築は静的であるとか、製作情報は2次元図面で伝えられなければならないとか）に囚われない、多様なスケール、機能の、より複雑な、インタラクティブな性質を持つシステムを差別なく扱うことがより自然になってくる。２０１３年3月末現在、東京事務所は11名、台北事務所が4名で、日本人は半数以下、台湾、中国、プエルトリコ、メキシコ、ルーマニアと、事務所内では日中英西語が日常的に使われている。価値感や常識の多様性が保てるように、情報が偏らないように、こうした状況の維持は意識していて、事務所立ち上げ当初から特に夏季は海外から先端的な技術を持つ知人を短期招聘するか、できるだけ多様な国籍、バックグラウンドの人をインターンとして受け入れるように心が

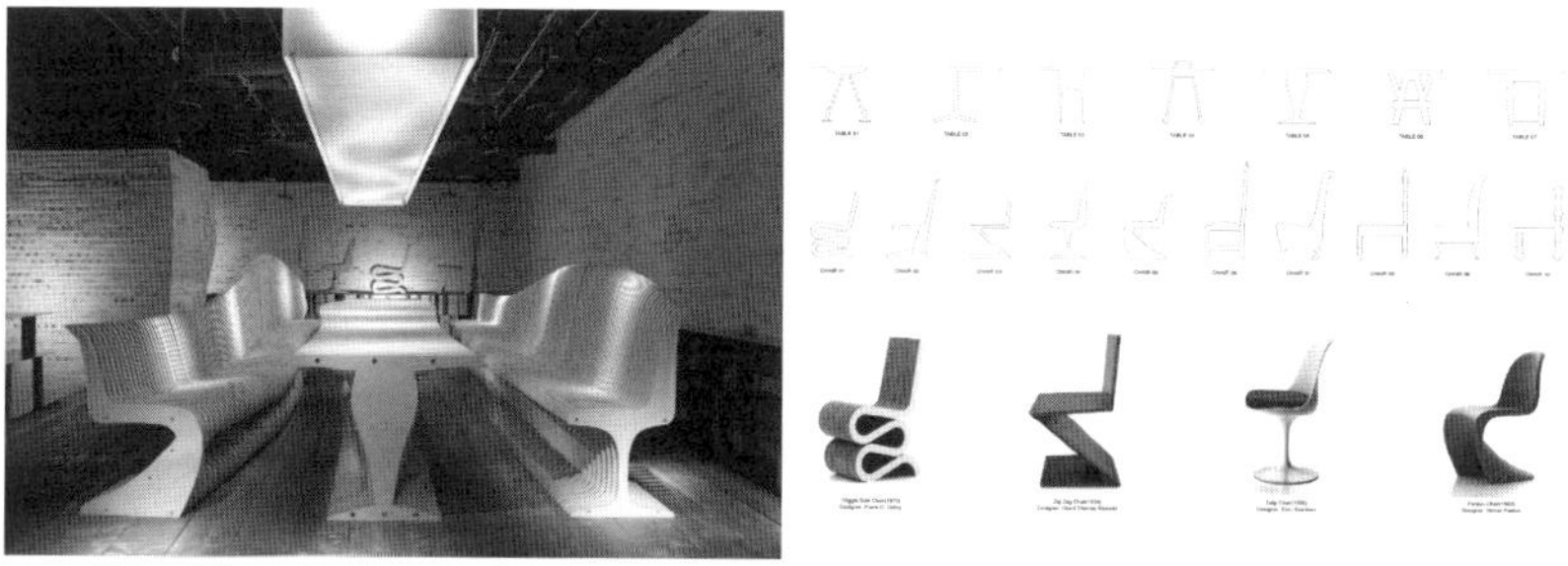

4つの椅子の形状をつなぎあわせた〈Morphing Furniture〉のコンセプト図（右）と完成写真（左）（撮影：李子健）

けている。2008年にノイズがおそらく日本で最初にグラスホッパーを使い始めたのも、SHoP時代の同僚を夏季招聘して技術交流を行っていたことがきっかけだ。技術や知識はもちろん、多様な感性や価値観などが常時事務所に流れ込んでくること、ひとつの視点に凝り固まらないようにすることは、ノイズのチーム運営には不可欠だ。

最近は日本やアジアでも一気にコンピューテーショナルな手法への興味が高まりつつあるので、僕だけにとどまらず事務所のメンバーが個々に教育や普及活動などに関わることが多くなり、事務所内で利益を生む活動に割ける時間が少なくなってきた。この4月からはNoiz EaR（Experiments and Research）と銘打った「建築とデジタル環境」に関する理論化や新しい知見のネットワーク化、技術共有のためのプラットフォームづくりを行う非営利グループを事務所内に立ち上げて、リサーチにも本格的に取り組む体制をつくり始めた。こうした一見経済的には非効率な活動を行うことで、チームとして視野を広げ経験値を高めることができる。多少の経済的合理性は犠牲にしても、新しい時代に合った設計の考え方、施工の手法や構造などを自分たちの体を通して考え、組み上げ、かたちにしていく活動を今後も続けていきたい。

〈メガ・ナノチューブ〉(2009年)。ボロノイパターンの立体への応用と厚さを考慮に入れたパラメトリックな工法の検討を目的に、カーボンナノチューブの構造を参考にして構想した仮説的プロジェクト

建築と非建築のあいだ、情報と物質のあいだ

新しいデジタル技術環境を構築していった先にあるものは、いわゆる狭義の建築である必然性はない。建築とは本質的にダイナミックな高次情報のコーディネーションであり、物質的な3次元の構造体は、（最も重要ではあるけれど）ごく特殊な表出でしかない。最近ようやく、拡張的に建築を捉えるこのような

感覚が、自然に感じられるようになってきた。

　アメリカやヨーロッパといった大きな経済圏域（その地域間で6時間程度のフライトの範囲内）とほぼ同等な東、東南アジア圏内での活動は、これまで以上に国境という意識なしに混ざりあっていくものだと思っている。そうはいっても国ごと、地域ごとの因習や制度に根深く依拠している建築や不動産という領域に関わる立場として、それらの生活や文化のテクスチャーを、いかにこのユニバーサルでパワフルな新しいデジタル技術へと取り込んでいくか、融合させて新しい次元のデザインを実現させていくか、まだまだ未開拓な分野は広い。ノイズというチームで実験的な活動を続けながら、そうした情報や経験の共有化、活性化が進み、新しい感性がスパークするきっかけを探っている。

〈注〉

＊1　フランク・ゲーリー（Frank Owen Gehry, 1929–）：アメリカの建築家。脱構築主義建築の旗手と称される。代表作は、〈ビルバオ・グッゲンハイム美術館〉〈ディズニー・コンサート・ホール〉など。

＊2　ＡＡＤ（Advanced Architecture Design）：ＧＳＡＰＰ（Graduate School of Architecture, Planing and Preservation）のコース名の略称。卒業後は一般的なＭＡ（Master of Architecture）とは異なり、Ｍｓ（Master of Science）の修士号が授与される。

＊3　バーナード・チュミ（Bernard Tschumi, 1944–）：スイスの建築家。都市計画家、建築評論家。ＡＡスクールやプリンストン大学で教鞭を執る。著書に、『建築と断絶』１９９４年（山形浩生訳、鹿島出版会、１９９６年）

＊4　SHoP Architects：１９９６年にChristopher Sharples ら5名によって設立された設計事務所。ＮＹ、ブルックリンにバークレイズプレイスが竣工し、同時に２０１２年に初めてのモノグラフ『Out of Practice』が出版されている。

＊5　Blob Architecture：90年代に進んだコンピューターを使った有機的な形態の建築デザイン（主にコンセプト）を揶揄的に表現したもの。Ｂｌｏｂとはあぶくの意味で、実際には建設のしようがない非現実的な建築というネガティブな文脈で使われることが多い。

＊6　パラメトリック：数値を変数として扱うこと。定数でなく変数として扱うことで、論理モデル全体が構成されたあとから数値を変更し、全体の結果や形態を多様な可能性の総体として扱うことができる。

＊7　北京三里屯 Village：隈研吾をマスターアーキテクトに、北京市の三里屯地区に北区、南区の2街区にわたり開発された複合商業施設。ＳＨｏＰ以外にも松原弘典、Lot-Ek、迫慶一郎が棟ごとの外装設計に参加し、２００８年にオープンした。ＳＨｏＰは北地区のＮ３棟、南地区のＳ11棟を担当。

＊8　ライノセラス（Rhinoceros）：３次元サーフェスモデラー（３次元ＣＡＤ）の製品名。グラスホッパーというパラメトリックデザインの基本プラットフォームとなりつつあるプラグインを開発したことから、欧米のデザイン事務所で汎用デザインソフトとなりつつある。

＊9　グラスホッパー（Grasshopper）：ライノセラス内で動作する、ＧＡＥ（Graphical Algorithm Editor）と呼ばれるソフトウェアの名称。文字どおりモデリングのプロセス、もしくはアルゴリズムを構造化し、編集可能にする。オープンソースであるために多様な外部ソフトウェアやプログラミング言語との連動が可能になり、インタラクティブなデザインの可能性を広げていることで注目されている。（ノイズアーキテクツ『Grasshopper ＋ Rhinoceros 建築デザイン実践ハンドブック』彰国社、２０１１年）

あいまいさを許容する この場所に拠点を置きながら

-London

小沢慎吾
John Pawson Limited

2013年5月某日

今朝はいつものカフェでコーヒーと簡単な朝食を買って事務所へ。事務所のあるキングスクロス・セント・パンクラス（King's Cross St. Pancras）駅周辺は、近年再開発が急速に進んでいる。勤め始めた当初は少々危険なエリアだったが、最近ではすっかり様変わりして次々と新しい店ができている。事務所に着くとまずはインターンにCGの修正とオプション作成の指示。前回の構造家との打ち合わせの結果を反映させるべく、図面のチェックと修正。所長と某プロジェクトの今後の進め方について打ち合わせ。メールでの問い合わせにまったく返信のない役所の担当者に電話するが、直接出向いて話をしないと埒が明かなさそうだ。午後からは、少し特殊なプロジェクトについて、構造、設備、避難計画のコンサルタントたちと、ひたすら綿密な打ち合わせが続く。その後所内で打ち合わせ内容を整理。再び図面に向かう。毎日来てくれているクリーナーに挨拶をして事務所をあとにする。時刻は18時半。この時期のロンドンではまだまだ明るい時間帯だ。

とにかく行動するということ

ロンドンに事務所を構えるジョン・ポーソン[*1]の下で勤め始め、13年になる。

当初はイギリスという国にも、ロンドンという都市にも、なんの思い入れもなかった。海外で働きたかったわけでも、暮らしたかったわけでもなく、ただ、仕事をしてみたいと思った設計事務所がそこにあったにすぎない。日本からポートフォリオを郵送したのだがなんの音沙汰もなかったので、電話やメールで問い合わせるよりも直接訪ねたほうが早いだろうと思い立ち、修士課程2年次の夏季休暇を利用してイギリスへ行くことにした。

担当教官であった岸和郎先生に、おそらく無理だとは思いますが、行くだけ行ってみますと話したところ、「どうせ行くのなら他の事務所もまわって、就職が決まるまで日本に帰ってくるな」というありがたくも無茶な励ましの言葉をいただき、複数の事務所を訪ねることを念頭に渡英。初めて訪れたまったく見知らぬ場所での就職活動を開始した。

組織事務所からアトリエ事務所まで、さまざまな規模の五つの設計事務所を訪ねた。1件目で、郵送ではなんの反応もなかったのに、同じものを直接持って行くと面接を受けに来るよう連絡が来たので、以降他の事務所にも郵送せずにすべて自分で持っていった。事務所を訪ね、受付なりその場にいた所員さんなりに、宿泊しているホテルの連絡先と共にポートフォリオと履歴書、推薦状などを渡し、就職を希望しているのですが、いついつまでここに泊まっているので、それまでにぜひ面接をしていただきたいと伝える（直接訪ねて行くのは迷惑になる場合もあるので推奨するものではないが、運がよければたまたまその事務所の所長が通りかかったり、受け取ってくれた人と話ができる場合もあり、それがプラスに働くかマイナスに働くかはともかく、なんらかのインパクトを与えられる可能性はある）。

結果、ひとつは日本まで早々にポートフォリオを送り返され、ひとつは非常によくできたポートフォリオだが、うちはとても小さな事務所で残念ながら今新しくスタッフを増やす余裕がない、とわざわざ建築家本人から丁寧な断りの電話をいただいた。ひとつは面接に来てくださいと言われ、ここでもポートフォリオは高く評価していただいたのだが、日本人を雇用するにあたっては、ビザの取得が非常に難しいということと、働けるのが来年の春からだと伝えると、そんなに先のことはわからないとの指摘を受けた。もうひとつは、はっきりとした給料の提示とともに、面接に来るようにとの知らせが来たのだが、このメールが届いたのは日本に戻って来てからだった。

当時からずっと変わらないポーソン事務所のサイン

10年以上勤めることとなる事務所へ

そして最後のひとつが現在も勤めるジョン・ポーソン事務所である。後日、とりあえず面接をするので事務所に来るようにとの連絡を受け、指定された日時に再び訪れると、そのまま打ち合わせスペースへと通された。そこにはポーソンが1人待ち構えており、紅茶などを飲みながら和やかに面接は始まった。ポートフォリオの内容を英語で説明できるよう準備してはいたのだが、パラパラとめくった程度で、特に内容についての質問もなければ、説明を求められることもなかった。それよりも、こっちに知り合いはいるのかとか、給料はどれぐらい欲しいんだとか（これには相場がわからないので、さしあたってロンドンで1人生活できるくらいいただければと答えた）、どういう仕事がしたいんだとか、住むところはあるのかといったことを多く聞かれた。ポーソンは終始穏やかな雰囲気で、こちらのつたない英語に合わせて話をしてくれ、事務所内を案内しながら、当時進行中だったプロジェクトを一つひとつ説明してくれた。再び打ち合わせスペースに戻ると、今この場で返事はできないので、少し検討させてほしいと言われ、雑談をしつつ玄関まで見送られながら事務所をあとにした。

限られた滞在期間であったため、その後特に進展はなく帰国したのだが、帰国後ポーソン宛に、岸先生からもお礼の手紙を出していただいたところ、「君がそういうのなら、いいだろう。採用しよう」と非常に短い返信があり、就職が決定した。先生が研究室に入って来られ、「就職が決まったぞ」と知らせてくださったのだが、しばらくなんのことだかわからず、ずいぶん戸惑ったような記憶がある。それから働き始めるまでには時間があったので、修士論文を書く傍ら、2カ所に英会話を習いに行き、スタッフとメールで連絡を取りながら渡航準備を進め、大学院を卒業後間もなく、生まれ育った京都を離れ、異国の地ロンドンで、社会人としての新たな生活が始まった。

あらゆるものを用いたコミュニケーション

事務所に入って最初にした仕事は、ベルギーで設計を進めていたオフィスビルの周辺建物の立面を、写真を元にＣＡＤでおこすというものだった。事務所で使っているＣＡＤや３Ｄ用のソフトは大学院の研究室で使っていたものと同じであったため、英語のメニューにさえ慣れれば、コンピュータ上での作業は特に支障なく行うことができた。

できることは雑用でもなんでもやった。またすべてにおいて、自分の持てる最大の速度と正確さで行うことを常としていた。日本人的にすぎるのかもしれないが、たとえそれがパブで飲んでいる時の冗談交じりの会話であったとしても、同僚たちから事務所内で一番のハードワーカーだと言われるくらいに、躍起になって仕事をしていた。

そうした必死さのあまり、入所してほんの数日しか経っていないころ、二転三転する上のスタッフの指示に苛立ち、これではやってられないと下手な英語でずいぶんと食って掛かったこともあった。この時のことをポーソンはいまだによく覚えているらしく、最初から扱いが難しいスタッフだったと、今でも冗談で言われる。ちなみにその相手のスタッフは、いきなり突っかかってきた私をその後も非常に親切に指導してくれ、仕事ぶりをかってくれて、ポーソンに給料を上げるよう進言してくれたり、ロンドンでの生活におけるさまざまなことを教えてくれたりと、初期のころ最も世話になった人の１人である。独自の発想と行動力を持つ彼からは、仕事に限らず、物事や人に対する接し方や見方、日常の気づきに至るまで、ずいぶん多くのことを学んだ。後に彼は事務所を辞めてベルリンに移住したが、今でも大切な友人である。

働き始めた当初は本当に英語ができず、人が話している時は全神経を耳に集中させて必死に聞き取ろうとしていたし、自分が話す時はなにをどう話せばよいのか、頭の中で一度組み立ててから話しかけていた。それでも、わからないし、本当に言いたいことを伝えられない。周りの会話のスピードに追いつかない。そんなことがしょっちゅうだった。そうしたなかで非常にありがたかったのが図面やスケッチ、あるいは模型の存在であった。同じ内容でも、これらを前にして話を聞いているとはるかに理解が楽で、こちらの意図を相手に伝える場合もしかりである。我々にとってもうひとつの言語であり、コミュニケーションのための道具であるということをあらためて実感した。

やがて事務所内のスタッフのみならず、外部の人間との交渉や説得、議論や説明を行うことを求められるようになると、より切実に、言葉、図面やスケッチ、模型などの、あらゆるツールを駆使したコミュニケーション能力を問われることとなる。そこに至ってようやく、設計事務所のスタッフとして認められ、また言語に関してもひとつの壁を越えたと思えるようになった。

就労を許可されているビザ

事情は国によってさまざまであろうが、イギリスに関していえば、日本人がビザを取得することは年々難しくなる傾向にある。現在私が所有しているビザは RESIDENCE PERMIT Indefinite Leave to remain in the UK、俗に永住権と呼ばれるもので、5年間の就労ビザを経て取得した。イギリスでの滞在を無期限に許可されており、仕事の変更も自由である。

ビザには多くの種類があるが、基本的にEU圏外からの就労者は歓迎されず、場合によっては雇用主が求人広告を出し、それでも適任者が見つからなかったという証明が必要であったり、日本のプロジェクトのために日本人を雇いたいといった特殊な事情が要求される。手続きには手間も掛かり、時には弁護士を雇ったりと、雇用主にとってはかなりの負担となる。

それでもこの日本人を雇いたい、と思わせるだけのなにかが必要となる。

ポーソン事務所

現在の所員は、インターンの学生を含めて25名ほど。私が入所した当時は12、3人だったので、この十数年で

2倍程度に増えたことになる。設計スタッフ以外に、グラフィック・デザイナーとライターがおり、出版される作品集などに限らず、日常業務として行われるプレゼンテーション、グラフィックや文章など、対外的なものはすべて、厳格にクオリティ・コントロールされている。

プロジェクトの種類は、住宅、ホテルや店舗、修道院や美術館から、ヨットの内装や舞台セット、食器やカトラリー、キャンドルホルダーや花瓶といったオブジェクトに至るまでさまざまだ。スタッフの国籍も多様で、今は、イギリス人以外に、フランス、ドイツ、ベルギー、ギリシャ、ルーマニア、カナダ、南アフリカ、そして日本人がいる。ドイツのプロジェクトはドイツ人が、フランスはフランス人と、各国でのプロジェクトをその国の出身者が担当することが多い。

ポーソンからスタッフに向けて痛烈な批判が飛ぶこともあるが、基本的に所内は和やかな雰囲気に包まれている。スタッフの出入りや誰かの誕生日となるとお茶とケーキが振舞われ、金曜日の仕事終わりには同僚たちとパブでビールを飲むという、イギリスのごく日常的な風景がここにもある。

事務所ポートレート。右から5人目がポーソン、左から2人目が筆者(2006年)(©Richard Glover)
事務所は2層吹抜けで下階奥が筆者、柱の手前がポーソンの席(©Gilbert McCarragher)

ポーソンは日頃からスタッフに、常に施主側の目線に立つことを忘れず、なによりもまず施主にとってなにが最善かを考えるように、と厳しく言っている。事務所でも、ゼネコンでも、構造や設備などのコンサルタントでもなく、あくまで施主のためを考えて問題を解決していくことが、最終的には事務所にとってもよい結果をもたらすこと、そして、よい施主を得ることがいかに難しいかを熟知しているからだろう。

イギリスでも建築設計業界が不況にあえぐなか、コンスタントに新しいプロジェクトを確保し、少なくとも私の知る限りのこの十数年のあいだ、事務所の経済状態を理由にスタッフを解雇したことは一度もない。

ワークスタイル

就業時間は月~金曜の8時~18時で、だいたい18時半を過ぎると誰もいなくなる。もちろん、締め切り直前に

は残って仕事をすることもあるが、通常は定時に帰り、土日に出勤することもない。多くの人は年に二度ほど2週間程度の休暇をとるが、そうした休暇をとることは社会的にも当然の権利として認められており、プロジェクトを円滑に進めるには、関係者の休暇スケジュールを把握しておく必要がある。

例年ポーソン自邸において、事務所スタッフのみが招待されるクリスマス・ディナーが催されている。現在ロンドンで見ることのできるポーソンの実作はあまり数がなく、特に個人住宅を訪れる機会というのはスタッフといえどもそうそうない。したがってこのディナーは、日頃図面や模型、素材サンプル、CGやスケッチのうえで見る空間やディテールが実際どのようなものであるのか、どのようなものを目指しているのかを体験できる恰好の機会となっている。とりわけ入って間もないスタッフや、現場経験のないスタッフには有意義であるはずだ。

ポーソン自邸でのクリスマス・ディナー(2012年)。正面一番奥がポーソン(©Allan Bell)

プロジェクトの進め方

ポーソンは自ら積極的にスケッチを描いてスタッフにそれを図面化させるというタイプの建築家ではない。どちらかというと、スタッフの出してきたものにコメントを加えて議論しながら、デザインを進めていくことが多い。そのコメントはデザインの全体的な構成から具体的、抽象的なもの、詳細、マテリアル、あるいはプロジェクトの進行のしかたまで多岐に渡る。ポーソンはよく図面を見ながら、ここでゲストを迎えて、こっちへ行ってドアを開けて、このデスクにカバンを置いて……と、自分をその空間に置いて、そこでとるであろう行動をなぞっている。そこから極めて具体的な要求や疑問が出てくる。

担当者はプロジェクト・アーキテクトと呼ばれ、それぞれの担当プロジェクトにおいて、相当の裁量を任されると共に、それに伴う責任を負う。デザインはもちろんのこと、必要なコンサルタントの選定、進行、施主への設計料の請求なども担当者の仕事となる。プロジェクトが進行するにつれ、担当者は構造、設備、法規、現場の要求といったさまざまなしがらみに囚われ、この辺りが限界だと無意識のうちに線を引いてしまいがちなのだが、ポーソンの要求はそれを容赦なく超えてくる。最初は不可能かと思われるそうした要求も、無理を承知でプレッシャーをかけ続けると、なんとかなっていくことが多々あり、結果としてもちろん空間の質は向上する。

ジョン・ポーソンという建築家

素材の選定は、ポーソンの建築にとって最も重要な要素のひとつだ。一見いつも似たような素材を使っているように思われるかもしれないが、石、木、金属、レンガなど、どんな素材であれ、そのつど大きなサンプルを、場合によってはお金を掛けてでも取り寄せてプロジェクトごとに検討している。常に新しい素材を探しており、ポーソン本人が採石場や森林まで直接素材を選びに行くこともある。時折よくわからないものを選んだな、と思うことがあるが、進行するにつれその素材のよさが顕になり、彼の透徹した選択眼にあらためて尊敬の念を抱かされることも多い。

図面をチェックするポーソン(右)と、事務所内の壁に立てかけられた外装用オーク材のサンプル(左)。小片ではなく、実際に使用する高さ2.7mのもので検討

一般にポーソンはミニマリストとカテゴライズされるが、彼のスタンスはもっと根源的なものだ。自ら設計した住宅に住み続けていることからもわかるように、そういった空間が彼にとって自然で心地よく、快適なのだ。実際にその場に身を置いた時に感じる空間の

質と美しさ、それらの向上に寄与せず、過程にしか存在しないような、いかなるコンセプトやダイアグラムなども、彼の興味の対象の外にあると思われる。身体に触れる素材、目に見える色や光や影、空気の動きや音、空間や部材のプロポーションやヴォリューム、機能的で合理的な空間構成、これらによって体感される現実こそが重要なのだ。

世界中に点在するプロジェクト

ポーソン事務所の仕事はヨーロッパを中心に世界各国に点在しており、私がこれまでに携わったプロジェクトの所在地だけでも、イギリス、ドイツ、ベルギー、チェコ、イタリア、フランス、スウェーデンに、ヨーロッパ圏外のアメリカ、日本、オーストラリア、カタールと11カ国におよぶ。仕事で訪れるとなかなか観光する時間などはとれないものの、文化的背景の異なる国々の多様な文脈のなかで仕事をすることは、建築設計に従事するものとして学ぶところが多く、たくさんの刺激を受けることができる。

現在進行形で私が関わっているプロジェクトだと、スウェーデンのストックホルム郊外で住宅が外構工事を残すのみで間もなく竣工、中東で設計を進めている美術館は基本設計が固まりつつある段階、イギリスのコッツウォルズ[*2]の湖畔に建つ週末住宅は見積もり後の減額調整の最中、日本でも新たに別荘の設計が始まろうとしている。というように、国も規模もタイプも違えば、設計段階も異なるさまざまなプロジェクトを同時に進行させている。

いくつかのプロジェクトを経て

プロジェクトに責任を持つ担当者として、最初に実現に至ったのは、２００２年ヴェニス・ビエンナーレ建築展の会場構成であった。世界中から招待されたおよそ１００組もの建築家による１５０近いプロジェクトは、展示物の多様さ、各建築家から寄せられる変更の多さから、通常の勤務時間で処理できる許容量を超えており、この時は相当残業をし、週末も働いた。それでも、これは自分が任されたプロジェクトだと思うと、いくらでも気力が湧いてきた。仮設の展示デザインではあったものの、ひとたび現場が動き始めると、自分が図面として描いたものが、実際にものとして、空間として、次々と具現化されていき、それを目の当たりにするのは、このうえない喜びであった。設計を続けているのは、この時の喜びをまた何度でも味わいたいからかもしれない。

実はこの時、日本館の出展者の1人として岸先生がビエンナーレに来られていた。恩師である先生に、完成した空間を実際に見ていただくことができたのがとてもうれしかった。

現実には、なんらかの事情で実際には建たないプロジェクトというのが相当な数存在する。初期のころに担当した個人邸も、海を望む高台にあるという恵まれたロケーションであったが、諸事情により基本設計を終えた辺りでストップしてしまった。この時ポーソンに言われたのが、「問題のないプロジェクトなどない」というものだった。確かにこれまで仕事をしてきて、なんの問題もなかったプロジェクトなどひとつとして存在せず、それらを一つひとつ解決していくことが仕事の根幹を成す（なおこのプロジェクトに関しては、10年の時を経て与条件を変えて再度設計依頼をいただき、２０１２年に完成させることができた）。

2002 年ヴェニス・ビエンナーレ、アルセナーレ内 Education 部門の展示風景。アルセナーレの巨大な空間と展示物を媒介すべく、また全体に統一感を与えながらも単調にならないよう、各部門ごとにさまざまな展示台や仕切りを配置

東京の世田谷に建つ〈手塚邸〉（２００５年竣工）、さまざまな困難に見舞われたのはこのプロジェクトも例外ではなかったが、それらを跳ね除け無事に完成させることができたのは、施主である手塚さんの、ポーソンのつくる空間に対する強い想いのおかげであった。必要とされる諸室など機能的な要求はもちろんあったが、「デザインに関してはすべてお

任せします」と言っていただいた。折に触れ、竣工後何年も経った今でも家の写真を送ってくださるのだが、そのたびごとに、深い愛情を持って現在も大切に住んでいただいているようすが伝わってきて、担当者としてもうれしい限りだ。クライアントとエンドユーザーが完全に一致する個人住宅は、施主の思い入れが強く、他のビルディング・タイプとは違う格別のやりがいを与えてくれる。

自分のキャリアのなかで重要な位置を占めるのが、オックスフォードにある〈マーターズ・パヴィリオン（Martyrs Pavilion）〉（2009年竣工）である。これは、初めて担当した〝イギリス国内〟のプロジェクトだ。プロジェクトが英語圏の国ではない場合、互いに外国語である英語を使ってのコミュニケーションとなるので、多少ぎこちないのはお互い様ということになるのだが、イギリスでの仕事となるとそうはいかない。当然ながら、自分以外の関係者はほとんどすべてイギリス人である。また、ローカル・アーキテクトがあいだに入り、役所との折衝や日常の現場監理などをサポートしてくれる海外プロジェクトとは異なり、イギリス特有の煩雑な関係各所との渉外も含め、すべて自分が担当した。その一例が contract administration で、これは難解な契約書に基づき、施工中のさまざまな事柄を認証して証書を発行し、現場と工費の流れを管理するという業務である。そうして建築をつくる一連の流れすべてをイギリス国内で英語で行ったことで、またひとつ次の段階へと進めた気がした。

同僚たちの助けを借りながらもこのプロジェクトを完遂したことは、後の展開を考えるうえでのターニング・ポイントとなり、これ以降、今後もここロンドンに拠点を置いて活

右は施工中の〈手塚邸〉。中庭の紅葉および家具の搬入作業時。左は建設中の〈マーターズ・パヴィリオン〉。補強筋なしのコンクリート・ブロック造の構造壁に鉄骨＋木造の屋根架構が載る

竣工後の〈マーターズ・パヴィリオン〉。セント・エドワーズ・スクールの付属施設。クリケット試合時の観覧席や各スポーツの更衣室としての機能を持つ（©Gilbert McCarragher）

動していくということを考えるようになった。

これから——イギリスと日本、両方を活動の場へと

こちらに来てからずっと、いつかはイギリスを離れ、日本に拠点を置いて自らの設計活動を行っていくのだろうという漠然としたイメージがあった。しかしながら、ここ何年か、違うことを考えるようになってきている。

ロンドンという多種多様な価値観を持つ人たちが集まっているこの都市では、日本のように厳密に物事を成立させるのは難しく、相当な余裕をあらゆる場面で確保しておく必要がある。何事においても時間が掛かるうえに、適当になされている印象を受ける。日本人としては苛立たせられる点でもあるが、同時にそうしたあいまいさこそがこの都市の魅力でもある。その余白の大きさゆえに、さまざまなものを許容してくれる。

こちらで長く暮らして自然と身についたのは、国と国とのあいだを行き来するフットワークの軽さかもしれない。仕事で、プライベートで、多くの国を移動してきた。

法制上の問題があるので、さすがにヨーロピアンのように居住する国を自由に変えるとまではいかないまでも、移動するという観点からいえば、たとえばイギリス国内にあるグラスゴーに行くのも、外国であるスペインのバルセロナに行くのも、日本に帰って来るのも同じ感覚である。

イギリス国内でのプロジェクトも竣工し、海外でもいくつものプロジェクトを完成させてきた。また幸運なことに、ロンドンの事務所に勤めながら、東京と沖縄でプロジェクトを実現させる機会に恵まれ、1級建築士資格も取得し、日本での活動の足がかりを築くことができた。こうした一つひとつの経験や、ロンドンの持つ寛容さ、個々を尊重する少しゆったりとしたライフ・スタイル、そうしたことのすべてを、これまで感じてきた海外にいることによる焦燥や逡巡を凌駕するほど、かけがえのない大切なものとして捉えることがようやくできるようになってきた。

自分がイギリスに渡った13年前に比べ、多様な働き方ができる社会に、国境を越えた仕事もはるかにしやすい時代になってきている。今現在の自分にとっては、日本人としてロンドンに拠点を置きながら、外側から俯瞰的に自分の国である日本を眺める、その視点と感覚が面白く、また心地よい。広い視野を持ち、そうした独自性をさらに追求しながら、ここで身に付けた身軽さをいかしてイギリスと日本を行き来しつつ、国境を越えて、さまざまな場所に活動を広げていければと考えている。

〈注〉

＊1　ジョン・ポーソン（John Pawson, 1949–）：イギリスの建築家。John Pawson Limited主宰。ミニマリズムの象徴的建築家と称される。代表作に〈ボヘミア・シトー派修道会の修道院〉〈Sackler Crossing（サックラー橋）〉など。

＊2　コッツウォルズ（Cotswolds）：ロンドンから西へ130㎞ほどの、イングランド中央部にある丘陵地帯であり、特別自然美観地域として指定されると共に古い街並みが残る歴史地区としても知られる。

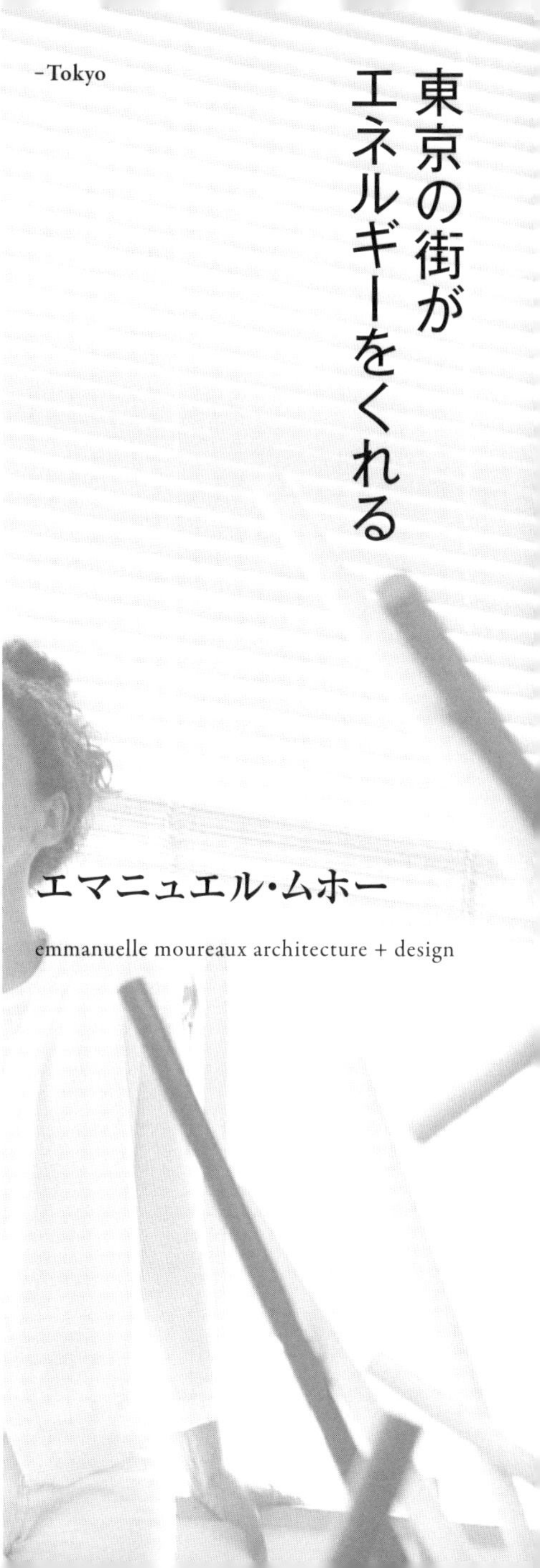

東京の街がエネルギーをくれる

–Tokyo

エマニュエル・ムホー

emmanuelle moureaux architecture + design

日本で独立して10年

今日は珍しく1日中、神田の事務所にいる。いつもは打ち合わせや現場で外にいることが多いのだが。事務所ではデザインや図面のチェック、スタッフとの打ち合わせなど、多数のプロジェクトの作業を並行して行う。4人のスタッフとともに、普段は始業時間の9時半から、夜は23時半くらいまで働いているだろうか。

フランスから日本に来て17年、独立して10年目。現在、この東京の事務所と山形を行き来する日々を送っている。山形では東北芸術工科大学のプロダクトデザイン学科で5年前から教員をしている。教える仕事も楽しい。

事務所は、最初の2年は近くのシェアオフィスを借りていた。賃料も安くてラウンジやミーティングスペースが共有で、とても気に入っていたのだが、スタッフが2

人になった時にいよいよ手狭になり、8年前に今のビルに移った。ここも賃料が安く、場所もよかったし改装が自由にできる点が気に入って、すぐに決めた。東京は、西側よりも古い街の雰囲気が残る東側が好きで、来日以来ずっとこのエリアにいる。

きっと、普通の建築家には住宅の依頼が多いのだと思うが、私の場合は料理教室（ABCクッキングスタジオ）、フィットネススタジオ、巣鴨信用金庫のように、少し変わった業界の設計依頼が来る。私が鮮やかな色を用いたデザインをするからだろうか。色は、表面的で、仕上げ的なイメージが強いので、長いあいだ、私は表面的なデザインをするデザイナーだと思われていたように思う。色とはそういうものではないのだけれど。3次元空間を形づくる一番大事な要素と考えている。最近、仕事が増えてきたということは、日本での色の意識が変わってきたのだろうか？

たとえば、巣鴨信用金庫の3支店は、ごく自然に、周囲の環境から生まれたコンセプトで成り立っている。私

来日して初めて手がけた仕事〈Be Fine〉オフィス（撮影：永石英彦）

はフランスの建築家なら誰でもそうするように、周囲の環境を自然に意識しているつもりだ。〈常盤台支店〉では敷地の前に公園が、周囲には住宅があるので、アプローチに対して奥行きを与えて斜めに色を配置し、街のなかの風景として立つように考えた。〈江古田支店〉では道路と歩道との距離が短いため、その距離感を敢えて強調している。それに伴って色を使う面積も変えた。〈志村支店〉は街のスケールや街並みを意識して色の面積を大きくしている。これらの建築は、写真で見るより実際に現場で見ると、スケールもデザインも街並みに溶け込んでいると感じてもらえるはずだ。木目や白をベースにデザインする人が圧倒的に多いが、私が感じる色のある空間の豊かさを他の人にも同じように感じてもらいたいと思うので、自分のやり方はこれからも変えたくない。

電車の窓から見えた成田の田舎、鮮やかなブルーの屋根

私はフランスで1995年まで建築を勉強した。当時、流行っていたヴィム・ヴェンダース[*1]の「東京画」（1985年）というドキュメンタリー映画を観て、東京が建築的にとても面白い街だと興味を持ち始めた。当時、ヨーロッパの人が東京に抱いていたイメージは、マンハッタンのように街全体が高層ビルで埋め尽くされている都市だった。一方で、伝統的な日本の文化や日本文学も有名で、私も高校の時からフランス語訳された三島由紀夫の『金閣寺』や阿部公房、夏目漱石などクラシックな日本文学をよく読んでいたが、インターネットもなかったので、今のように多くの情報を手に入れることはできなかった。だから、映像で見た建築的な日本の都市に惹かれ、卒業プロジェクトの敷地に東京を選んだ。

最初は「なぜ日本の敷地を選ぶのか」と批判され、それを説明するために1995年に初めて東京を訪れ、1週間のリサーチを行った。日本に着いて1時間後にはもう、東京に住むと決めていた。なぜだろう、成田空港から池袋に向かう電車の中で窓の外を眺めていると突然、鮮やかなブルーが目に飛び込んできた。当時の成田はまだ田舎というかなにもなくて、木や田んぼが点在する風

（次頁）〈巣鴨信用金庫常盤台支店〉
（撮影：志摩大輔 / Nacasa & Partners）

景のなかに突然現れた鮮やかなブルーの存在が、フランスから来た私には驚きだったのだ。今思えば、あれはおそらく住宅のトタン板の青だったのだと思う。

東京の街には色があふれていた

池袋で電車を降りると、さらに衝撃を受けた。街には色があふれていたのだ。私はそれまで、フランスの街並みに色を意識したことがなかった。そもそも色に興味がなかったのだ。しかしこの時見た街並みの色は、美しい絵のように感動的だった。

フランスのパースペクティブな都市のつくり方でなく、街にあふれる色や、さまざまなレイヤーが重なり、奥行きを感じられる日本の街のつくり方がとても面白かった。1人で外国に旅行に行くと緊張しがちだが、東京を訪れた時は不思議とまったく緊張せず、素直な感覚でここに住もうと決めたのだった。

帰国して取りかかった私の卒業制作のテーマは、日本語で言うと「多目的なサービスステーション」。フランスの建物は1階がパブリックな店舗、2階以上がプライベートな住居なり事務所から成る、整然とした街の構成が一般的だが、東京の街はそれらが地下にあったり、ビルの何階かにあったり、立体的に動いている感覚が好きだった。ひとつのビルも多目的で、あらゆる機能が入っている。また街のそこかしこにコンビニや漫画喫茶があって、どこでも休憩できるところも面白い。1週間東京を見てまわり、池袋に敷地を設定したうえで、街なかの休憩場としてのサービスステーションを設計した。成果を発表したあとの評判はよいものだった。

日本の設計事務所には就職しない

決めたとおり、フランスで建築家免許を取って2カ月後には再び東京に来ていた。長く住む心積もりだったので、まず日本語学校に入学して、以来2年間、毎朝日本語を勉強した。そして数年は資格学校に通って、1級建築士の免許も取得した。

だが、住むということは当然、生活するお金を稼ぐ、

上から〈巣鴨信用金庫江古田支店〉と〈巣鴨信用金庫志村支店〉(共に撮影：志摩大輔 / Nacasa & Partners)

働く、ということだ。小さいけれどそれなりに有名なボルドーの設計事務所で働いていたので、日本に来るまでの費用は、そこで貯めたお金を使えばよかったが、暮らしていくための仕事が要る。当時、私はまだ25歳、異国の地ですぐに自分で建築の仕事を始めるには技術的にも精神的にも未熟だ。日本の設計事務所で働くことも当然、考えた。当時は妹島《せじま》和世さん、伊東豊雄さんがフランスでも人気で、私も好きだった。日本の設計事務所がどんなふうに仕事をしているのか興味もあったので、設計事務所みかんぐみのメンバーでフランス人の、マニュエル＝タルディッツさんに話を伺ったりもした。

しかしいろいろと日本の事務所の現状を聞くうちに、フランスでは小さいながらも責任のあるプロジェクトを任されていたのに、日本の設計事務所でもう一度下積みを経験する必要はないなと感じ、結局、日本の設計事務所では働かないことに決めた。

フランスは日本と違って、大学在学の年数が長いので、最後の1、2年は、授業もなく卒業プロジェクトだけになり、学生も建築事務所などで、フルタイムで働く。そこでは、新人だから模型づくりしかしないということはなく、実力しだいで仕事を任される。私も最初から責任のある仕事を担当させてもらっていた。

自分の目で見て勉強したい

フランスと日本の事務所はまったく異なる。一般的にフランスの建築家は、基本設計や実施設計はやるが、日本の事務所のように納まりや詳細図は描かず、そういった仕事はすべてエンジニアの事務所に任せるのだ。日本の事務所で描かれている図面を見た時は衝撃を受けた。とても細かくて「こんなの描けない」と。そういう点では、建築家の仕事の範囲が日本とフランスではだいぶ違う。

労働時間についても同様。フランスの事務所でも夢中になって遅くまでやってはいたが、日本のように終電が当たり前という感覚はない。また、フランスではパブリックなコンペの仕事がほとんどで、いきなり民間の仕事がもらえることなんてまずあり得ない。

建築家の社会的な地位も違う。フランスでは医者、弁護士、建築家というのが3大職業で、建築家になれる人はとても少ない。日本の場合、いわゆる「建築士」には、簡単に言うと勉強さえすれば誰でもなれるのではないだろうか？　ヨーロッパでは技術よりも芸術に近い領域として建築を学ぶが、ここではエンジニアに近い領域だと感じる。1級建築士の問題も、ほとんどが技術的な問いばかりだった。そして、フランスで建築をつくることは、街並みを形成する息の長い建物を設計することに他ならないが、日本の建物は目まぐるしく建て替わるし、なにより日本人自身がすぐに飽きる性格なのだろう。

設計事務所に就職しなかったもうひとつの理由は、まだなにも知らない日本や東京のことを、自分の目で見て勉強する時間が必要だと思ったからだ。建築設計事務所で仕事をするとそれができない。東京で普通の生活を送りながら、日本のことをゆっくり知っていこうと思っていた私は、フランス語の先生として働くことに決めた。それならある程度生活も安定し、自分の時間も持てると思ったから。けれど、いつか自分の事務所を東京に持つ、という目標は持ち続けていた。

フランス語教師をしながら黙々と続けた東京リサーチ

当時は時間も結構あったので、東京のいろいろな街を歩きまわった。「今日はこの駅に行ってブラブラする」と決めて、自分の目で記憶したり、メモを取ったり。一番大切にしていたのは東京の普通の街や建物をたくさん見ることだったから、有名な建築は、行く先にたまたまあれば見たが、あえてあまり見ないようにしていた。

住宅についても随分調べた。建築家の住宅作品よりも、ハウスメーカーのカタログを集めて来て、一般の住宅がどういうつくりをしているのかリサーチした。お客さんがなにを求めているのかを知りたかった。実際、収納の工夫や、メーカー間の違いがわかるととても面白い。シヨールームでカタログを手に取るたびにお客さんと間違われながら、家の中は集めた大量のカタログやパンフレットであふれていた。

東京の街がエネルギーとインスピレーションをくれる

フランスに生まれ、25年間も住んでいたから、もちろんフランスの街には愛着がある。でも、美術館のようできれいだけれど、技術が更新されても街はずっと止まったまま。

対照的に、東京には「古きよき」街並みに対して思い入れがないというか、その時々に必要なものが建てられて街はどんどん変わっていく。その蓄積が街並みに現れていて、そこが面白い。アジアの街全体にいえることだが、人の思っていることや技術やファッションと並行して、街も進化していくから、新しいことが好きな私には合っていると思う。新しいデザインや新しいものについて考えることは、フランスにいてはなかなかできなかっただろう。今私がここで仕事をしている理由は、東京のエネルギー。色についてもそうだったように、東京の街からは、常にいろいろなインスピレーションを得ている。

そうやって日本の街や住宅を見ていたが、古い家や伝統的な日本の家がどんどんとなくなっていることはさすがに気がかりだった。障子や襖など、仕切りの文化は日本の大切なエッセンスだから絶対になくなってはいけない。だから今の住み方に合う、新しい仕切りがつくれれば、と考えていた。それが「色切／shikiri」というコンセプトを生み出したきっかけになる。

初めての依頼で色を使う

日本に来て5年目、30歳の時に、フランス語を教えていた学校の改装を手伝った。これがきっかけとなり、ある生徒さんから、自分の母の会社が移転するからオフィスデザインをしてほしいと仕事の依頼があったのだ。これが私の初めての仕事〈Be Fine〉。この方が実績のない私を信頼してくれたことがとても嬉しかった。

それは化粧品をつくる美容関係の会社で、オフィスと打ち合わせスペースがあるワンフロアの改装。フランスでは一切使わなかったのに、この時初めてそれも自然に、色を使おうと思った。パーティションに大きく六つの色を使っている。お客さんにも言われたことだが、色の力でリフレッシュ、気持ちが浄化される感覚があった。色の力を感じて、それ以来、色を使っていないプロジェクトはひとつもない。今や「重ね」と「色」は、自分のデザインの原点となったが、東京に来なければ当然、こういうデザインはしていなかっただろう。

ムホー事務所の現在

現在進行中のプロジェクトのひとつに住宅の設計がある。敷地は鎌倉にあり、シンプルな構成で「色切／shikiri」をベースにした、木造のすごく小さな住宅だ。敷地には築90年ほどのきれいなつくりをした夏の別荘があり、その隣に建つ20坪の空間。これまでにマンションのリノベーションを手がけたことはあるが、住宅は初めての経験。計画が始まってすでに5年になるのだが、もしかしたら間もなく実現するかもしれない。

ミラノサローネで発表した〈Mille-Feuille〉（撮影：Schonbuch）

他に、アパレル関係の空間デザイン、台湾でのプロジェクト、クッキングスタジオの設計も動いている。設計の仕事とは別に、毎年必ず東京デザインウィークに新作を発表していて、今年は他にも展示会の出展依頼が四つ、ミラノサローネにも初めて家具を発表した。

デザインはたいてい模型をつくって考える。基本的にはコンセプトやイメージスケッチを私が描き、それをベースに所員にプランを描いてもらったり一緒にスタディをして進めていく。プレゼンにも基本的に模型を使うが、パースでないとわからないお客さんが多いのでCGパースもつくる。これは見せるためのものでスタディとしてはあまり使わない。

色に関しては、使い方のルールのようなものは特に決めていない。もちろん、自分のなかでは色の配置理由があるのだが、それはお客さんに説明しない。基本的には私の好きな鮮やかなはっきりとした色を使う。色自体の品番や使う数もプロジェクトによって違い、たとえば巣鴨信用金庫は24色でABCクッキングスタジオでは8色。これほどたくさんの色を使う人は日本でも海外でも、そんなにいないかもしれない。

女性、外国人であることは不利なことばかり!

フランスで難しい建築免許をせっかく手に入れながら、それを捨てて東京に来たので、まったくゼロからの再スタートだった。日本に来てからは、思えばずっと苦労してきた。

最初は当然、実績もコネクションもなく、業者さんにはまったく信用してもらえなかった。最初のプロジェクト〈Be fine〉では、自分で施工業者2、3社を入札しなければいけなかったのだが、フランス人からいきなり電話が掛かってきても業者はまったく取り合わない。たださいわいにも、別の生徒さんの彼がインテリアデザインの仕事をしていたので、その彼に業者を紹介してもらうことができた。それでも1社は断られ、なんとか1社からオッケーをもらえた。

エマニュエル・ムホー アーキテクチャー + デザインの事務所

ようやく施工が始まってからは、現場でのやり取りはもちろん大変だったが、それが楽しくもあった。すべて初めてのことだったし、やり方がわからなかったので、毎日朝から晩まで、ずっと現場にいた。TOTOやINAXのようなメーカーの名前さえ知らないので、図面を描いてはいても品番を出せない。メラミンの化粧板やタイルの仕上げのこともわからない。でも現場監督がとてもいい人で、2週間ちょっとの仕事だったが、仲よくなりいろいろ教えてもらえた。その業者さんには、その後のプロジェクトも頼んでいる。

女性だし、外国人だし、それが有利だとよ

く勘違いされるけれど、これまでに一度だって有利だと思ったことはない。正直、苦労の連続だった。けれど苦痛ではなかった。好きな場所で生活してきたから。

「この人と仕事がしたい」と思いあえること

最初の〈Be Fine〉から仕事が始まり、オフィスの空間デザインをし、そこからどんどん人とプロジェクトがつながっていった。巣鴨信用金庫の依頼も、きっかけはABCクッキングスタジオ。もちろん空間をつくることが仕事だが、お客さんとの関係づくりが一番重要かなと思う。最初の生徒さんがなにも実績のない私に依頼をしてくれた。彼女にはもちろん、そしてその後のつながりにも感謝している。きっと、デザインや考え方に興味を持って依頼してくれたのだと思うが、一番大事なことはその人と仕事をしたいという気持ちを持ってもらうこと、それがプロジェクトが上手くいく、関係性が長く続く秘訣だと思う。1回きりのプロジェクトもあるけれど、次に続く仕事がやはり多い。どれも貴重な出会いばかりだ。

これからもずっと日本で仕事を続けたい

私はやったことのないことに挑戦するのが好きなので、まだ手がけたことのない住宅や集合住宅は、一度やってみたい。ただ、ずっと住宅を設計するとなると、性格的には向いていないだろうな、とも。なんでもというとおかしいけれど、建築も空間も、そしてファッション、携帯電話などのデザインでもいい。新しいことをしたい人との出会いを大切にして、今までにないデザイン、今までにないコンセプトを生み出したい。

最近は海外からの仕事が増えていてとてもうれしいことだが、海外だとやはり敷地へ足繁く通えないし、お施主さんにもなかなか会えないので私の仕事の進め方としてはあまりよくない。神田の事務所にいて、東京や周辺の現場に通う生活、今はこの状況が、私には一番合っている。

〈注〉

＊1　ヴィム・ヴェンダース（Wim Wenders, 1945－）：ドイツの映画監督。代表作は〈パリ・テキサス〉〈東京画〉など。日本では、写真展「尾道への旅」などを開催。

ドアをノックしなければ、始まらなかった

–Paris

前田茂樹
GEO-GRAPHIC DESIGN LAB.

建築を地域のインフラとして捉える

今日は東北から大阪に移動する一日だ。現在、釜石市半島部の漁村集落の復興計画に携わっている。アーキエイド[*1]の賛同者、そしてプロジェクトチームの一員として2011年7月から教員を務める大阪工業大学の学生と一緒に東北に通っている。当初は「なにをしでかすかわからない存在、もしくはなにか提示はするが、それだけ」であった建築家像が変化し、住民や役所に少しずつ受容され始めた。

私が学生だったころと日本の建築を取り巻く環境は変わった。復興支援の発起人でもある東北大学の小野田泰明先生が考えているのは、行政によるトップダウンではなく、住民や地権者による個々の判断だけでもなく、様々な方面の関係者たちが協働で合意を形成し、浜の将来像を決定していくオープン・ガバナンスのまちづくりだ。私も、建築を地域の将来につながるインフラとして捉え、復興のその先まで携わり続けていきたいと思っている。

海外プロジェクトをもつ設計事務所でアルバイト

私は2010年までの11年間、フランスのドミニク・ペロー[*2]事務所に勤務した。ペロー事務所を希望したのは、建築を都市につながる視点で捉えた仕事がしたかったからだ。そんな視点を模索し始めた大きなきっかけは、大学時代に経験した安藤忠雄氏の下でのアルバイトと、1年間の一人旅だったように思う。

大学1年生の夏休みから、ほぼ押しかけのような状態で安藤忠雄建築研究所のアルバイトに潜り込んでいた。大阪にある事務所は、当時ベネトンのアートスクール〈ファブリカ〉など、海外の仕事や展覧会が増加していた時期で、東京や海外からもインターンやゲストが集まっていた。平日も長期休みもアルバイトとして通い、海外プロジェクトの模型をつくり、海外からのインターン学生とつたない英語でコミュニケーションしていた。

安藤忠雄建築研究所アルバイト時代。展覧会の手伝いに訪れたビツェンツァで

「建築のスキルがあれば、イタリア人やスイス人とも、同じ設計事務所で働けるのだ」という実感はこの時、根付いたのだと思う。3年時には、学生ながらマドリッドとビツェンツァ（イタリア）に巡回する安藤氏の展覧会に際し、模型やドローイングの運搬・設営手伝いのため、スタッフに同行して2週間の海外出張もさせてもらえた。「建築は机上で学ぶものではない。旅に行かなければいけない」と、事務所内で安藤氏がスタッフに向けてされる談話にも、傍で聴きながら感化された。

休学の旅と、帰国後の目に映った大阪の街

当然のように私は大学を1年間休学し、旅に出た。1996年5月、トルコから地中海沿いを伝ってモロッコ、そこから北上して東欧まで、バックパックの一人旅。南ヨーロッパやイスラム圏の街では、建築よりもむしろ、建築と建築のあいだにある余白の空間、つまり道や広場がすごくいきいきとしていた。旅行を続けるうち、自分がアジア人であることを強く自覚し始め、台湾やベトナム、タイ、シンガポール、韓国などもまわった。アジアは歴史背景によって西洋化の度合いが違い、その違いが重ね合わさって公共空間ができていて、街の歴史も品格も、汚いところもホスピタリティも、すべてがそこに映し出されているように思えた。

合計9カ月間の一人旅から帰り、あらためて旅行者の視点で大阪の街を見てみると、街

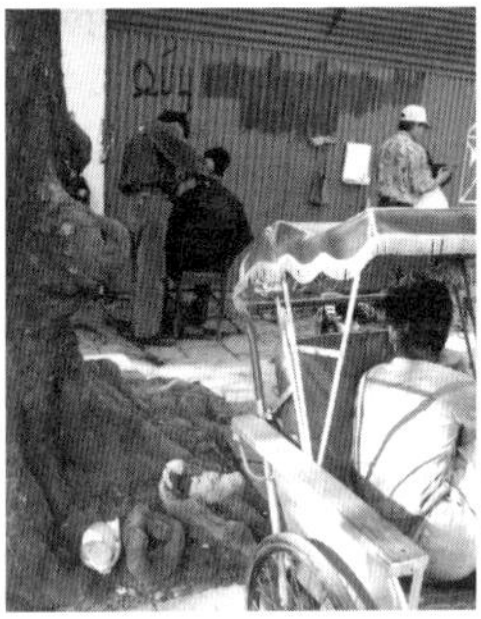

休学旅行中、トルコのハラン(右)とベトナムの歩道(左)

自体が全然、いきいきしていない。「働く」「移動する」「消費をする」場所ばかりで、旅行者が用もなくただ「居る」ことのできる場所がない。

そのわけを模索しながら、大阪大学で「居方」の研究をされている鈴木毅先生に薦められ、西洋と日本の「公共空間」の概念そのものの違いを問う『都市空間の芸術 パブリックアートの現在』という本を読んだ。日本でももっと、ヨーロッパやアジアにおける多様なパブリック、場所のつくり方、捉え方があるのではないか？ 私が今も「都市性」について考えるのは、長期旅行直後に、この本を薦めてくれた鈴木先生の影響が大きい。

ドアをノックしなければ、始まらなかった

就職を考える時期が迫ってきた。進学した東京藝術大学の大学院では同学年の石上純也

氏や中山英之氏が提案する、鮮やかなアイデアに刺激を受けたが、自分はもっと土着的に建築や都市に関わりたかった。組織設計事務所かアトリエか、安定か面白さかという二者択一ではない三つ目の選択肢を探っていた。

ドミニク・ペローを知ったのはそんな矢先のことだ。大学院2年時、東京でペローの展覧会があった。この時期に出版されたモノグラフも見ていたし、東京大学に招かれた彼が、自身の30代を語るレクチャーも聴講していたが、展覧会で、シンプルに都市と建築の関係性を図った展示に惹かれた。たとえば、ベルリンの自転車競技場は、建築周辺の林檎畑で採れる林檎で、周辺住民がシードルをつくる日常風景の映像が流されていた。建物と建物によってできる、余白を生み出す仕事。「こういう仕事をしている事務所が、あった」。

その時、旅行で感じた気持ちと自分が望む

モロッコ、マラケシュのジャマエルフナ広場

仕事のイメージがつながった。

展覧会の最終日、再度会場へ出かけ、フランスから模型の撤収に来ているはずのペロー事務所スタッフに、どのような事務所なのか聞きたくて、少しでも情報を得ようと展覧会終了時刻まで待った。しかし期待に反して、展覧会が終了しても誰も来ない。そのまま帰るのも惜しく、隣の展覧会事務室のドアをノックした。対応してくれた展覧会のキュレーターの方に、休学中の旅行で感じたこと、ペロー事務所で働きたいという気持ちをとにかく伝えて帰った。

ポートフォリオを持ってパリへ

「やりたいことは口に出しておくべきだ」とはよくいわれる言葉だ。その方が仲介者となり、ペローを藝大の講演会へ呼ぶ機会を得たのはその3カ月後。ペローと知り合う絶好の機会だ。必死でオーガナイズを行った。講演会終了後のアフターパーティで、いよいよペロー本人にポートフォリオを見せようとすると、彼はワインを飲みながら答えた。「もうアフターパーティだ。ポートフォリオは事務所に送って下さい」。

「ペロー事務所のような国際的に人気のあるところは、数知れないポートフォリオが送られてくるから、郵送で送っても見てもらえない。アポイントをとって、パリにポートフォリオを持参して、目の前で見てもらえ」と言う助手の方の助言に従い、すぐに英語で手紙を書き、講演会でも力添えをいただいた研究室の藤木忠善先生にも推薦状を書いていただいたあと、2週間ほどしてメールでアポイントが取れた。

パリの13区、工業地帯にあるガラス張りの事務所に足を踏み入れた時の不思議な気持ちは忘れがたい。ペローの目の前でポートフォリオを見せた。

ペローに見せたポートフォリオ

講演会後のパーティ。左から5人目がペロー、2人目が筆者
(©MOMI SAKURAI)

ペローに見せたポートフォリオ

ポートフォリオは今見ると稚拙だが、旅行先で気に入った場所（たとえばモロッコの水飲み場、インドネシアのどこまでも続くような坂道など）と自分の設計作品、陶芸作品をプロジェクトごとにパッケージにして並べたものだ。ただし、ペローがポートフォリオを見てくれたのは、ほんの2分ほどではなかったか。ポートフォリオにコツなどないだろうが、作品の並べ方や配置によって、自分がなにに興味があるのかが伝わることや、面接でその興味についてコミュニケーションをとれることは、大事なことではないかと思う。面接の結果、後日メールで事務所で働く承諾を得た。この時点で渡航6カ月前、それからワ

ーキングホリデービザを申請・取得し、日仏学院に週2回通った。

初出勤の日

パリでの出勤初日は、いきなり秘書に激怒された。朝11時ごろに来るよう言われていたところ、10時ごろに到着してしまい、なにか手伝おうと事務所に入りかけたところ、「契約前の部外者なのだから、立ち入り厳禁！」なのだそうだ……。フランスは契約社会であることを早々に思い知らされた。

入所した1999年のペロー事務所は、総勢20人程度（建築家は十数名、研修生3～4名、秘書兼広報1～2名、構造設計者1名）。入所から3年間は日本人含めアジア人は私だけだった。

最初に担当したのは〈MEバルセロナ〉という五つ星ホテルのプロジェクトで、敷地模型をつくった。ゼルダ設計のバルセロナの新

2000年当時のペロー事務所が入るビルの外観

2000年当時のペロー事務所の同期と（右端が筆者）

市街に広がる格子状の街区を斜めに貫通するディアゴナルという大通りによってできた台形の変形街区三つが敷地だった。都市と建築を一体に考えるという、まさに関わりたいと思ってきた仕事の一端に触れていた。このプログラムはファサード計画を担当することとなり、2008年に竣工した。

「赤ちゃん」体験――模型を通じたコミュニケーション

ペロー事務所は、コンセプト段階のコミュニケーションは主に模型でとるので、フランス語が話せない私にとってはありがたかった。「都市と建築を一体に」という感覚で模型をつくっていると、ペローが「pas mal（なかなかいいね）」とよい反応をくれる。言葉もわからず、国籍や文化背景が異なるのに、ペロー事務所の方法を見よう見まねで原始的に行っている自分が、まるで赤ちゃんに戻ったような

感覚だった。つまり、言葉が使えず、伝えたいことだけがあるが、限られた表現手段しかなく、その手段を駆使してどうにか生きていかなければならないという意味だ。日本の建築教育やメディアのなかで、建築自身よりも建築家の言説に引っ張られすぎていた私は、この「赤ちゃん時代」に非常に鍛えられ、今の考え方の基礎を築けたと思う。

「赤ちゃん」から大人にどう成長していったのか。言語ができなくとも、提案するアイデアが採用され、それがクライアントのミーティングに通り、またコンペでも重要な提案をしていくなかで、私はコンセプトメーカーとしての役割を担うようになる。11年間在籍するなかで、ターニングポイントとなったプロジェクトは、2003年に国際コンペで勝利したロシアのサンクト・ペテルブルグの〈マリインスキー新劇場〉だ。世界中で著名な建築家と共に50を超えるコンサートホールの音響設計を手がけてこられた豊田泰久氏と共に、内装設計を担当することとなった。当時29歳だったが、歴史的に重要なオペラやクラシックバレエの新しい劇場内部の設計に、チーフとして携わる機会は他の事務所ではない。考え始めていた転職計画を封印して契約を更新した。プロジェクトは刺激的で、オペラのチケットを持たない人にも、街の劇場として開いていけるような設計を進めていたが、コストやロシアの行政側との摩擦から中止になった。

ペロー事務所で最初につくった〈ME バルセロナ〉の模型と完成写真（共に ©André Morin/DPA/Adagp）

残念だったが、このころにはペロー事務所でも、担当したコンペが複数勝利するなどの実績を認められ、プロジェクトチーフとなって、何名かのスタッフを率いる立場になっていた。

コンセプトづくりから現場監理まで――〈大阪富国生命ビル〉

仕事のなかで悔しかったことは、担当したプロジェクトが中止になることと、もうひとつは現場監理を任される機会が少なかったことだ。チームを率いてコンペに勝利し基本設計を行っても、実施設計になると少しずつ、主要な役割が、事務所内で自国の実施チームへと引き継がれていく。適材適所だからということになるが、どうしても実施設計や監理までしたいという気持ちは消えなかった。

やはり日本での仕事を獲得しない限り、主担当として現場監理を担当することはできないのかと感じていた矢先の２００６年９月、〈大阪富国生命ビル〉招待コンペの案内が届いた。直前に、別のコンペで負けたばかりだったので、今回は負けるわけにはいかない。約6万㎡の延床面積を持つ建築のボリュームや要求は、都市インフラを考えることに近い。勝手知ったる大阪の街だ。フランスに戻るとさっそく〝都市につながる〟というコンセプトを固めた。そのために、大阪の地下空間にできるだけの光を入れるアトリウムを最大限設けること、墓石型のタワープロポーションにしないこと。特に足元のデザインが重要だという考えはペローが提案した。私はプロジェクトのチーフとして、そのコンセプトや提案が、都市を利用する人、そしてクライアントにとっていかによい影響をもたらすか、それをきちんと伝えることを心掛けた。ブックレット作成や、プレゼンの手法自体にもこだわり、プレゼンテーション前日は、ペローと2人で綿密に打ち合わせて本番に臨んだ。

当日、なんとかプレゼンテーションを終えた私たちは高揚感に包まれたまま、六本木の街を歩きまわり、ペローの行きつけの小さな

〈大阪富国生命ビル〉外観とアトリウム内観（共に©Daici Ano / DPA / Adagp）

炉端の店で勝利を信じて日本酒を酌み交わしていた。

その後、無事勝ち取った〈大阪富国生命ビル〉の設計を、ペロー事務所側のチーフとして2010年の竣工まで携わることができた。実施設計の内装素材の話をひとつすると、天井はエキスパンドメタルという工業製品だが、天井に取りつけた際に色が少しずつ違って見えるのは、取りつける向きを4方向に回転させて取りつけている効果で、これはペローの現場判断によるものだった。

個人として働く社会システム

ペロー事務所では、現在は60~80人が常時働いているが、適材適所でもっとも仕事を効率的にこなせるスタッフを、仕事の進み具合で流動させる。建築家のなかでも3D担当、環境技術担当、インテリア担当、コンセプト担当、プランニング担当という形で、緩やかではあるが役割が割り振られている。設計事務所に限らず、ヨーロッパの事務所は人の入れ替わりが早い。スタッフの7割程度が契約更新制なので、6カ月程度で少しずつ入れ替わりがある。たとえば、ある設計事務所でコンサートホールの設計チーフを務めた人が、竣工後、その事務所に次のホールの仕事がない場合、別の事務所のコンサートホールのプロジェクトの求人を探して同程度のポジションと給料で移籍して働くことができる。

〈大阪富国生命ビル〉の現場打ち合わせ。天井のエキスパンドメタルを見上げるペロー(左から3人目)と筆者(同2人目)

打ち合わせをする北川フラム氏と前田、ペロー

フリーランスとして能力を売りにどこでも働けるということは、受け入れる側にも柔軟性があるということだ。まず個人があって、その集合体として組織があるフランス社会と、まず組織があって個人が属する日本社会の違いだろうか。

私自身は、事務所が労働許可証の申請をす

る際に「フランス人には代替できない職種であり、よってフランスの失業率と関係がなく、かつ終身雇用契約を結ぶべきかけがえのない人材であるので、彼の労働許可証を申請する」という旨の手紙を書いてもらい、フランス移民局に提出した。そしてワーキングホリデー・ビザから労働許可証に切り替わった2年目に終身雇用契約となった。転職も考えたが、ペローへの恩返しの気持ちと、興味深いプロジェクトを担当する機会に恵まれたため、結果的に11年もペロー事務所に在籍することとなった。

交渉力

日本人に限らず、言語圏が違う国で即戦力として雇用され、重要なポジションへとステップアップするためには、戦略が必要だと思う。どんなポジションでも力を発揮できること、自分にとっても事務所にとってもメリットになる要求を積極的にすることが、ヨーロッパでは特に大切なことのように思える。私自身もそんな姿勢を徐々に学んでいった。たとえば、給料は年俸制なので、

(前頁)ペロー事務所風景
(©André Morin / DPA / Adagp)

交渉でできるだけ高く折り合いをつける。報酬を多く支払うのだから、事務所は私に責任のある仕事を任せようとするし、私もやりがいのある仕事を担当できる。これが、働かせていただいているのに高い給料を要求するのは失礼だなどと日本風に考えていると、いつまでも魅力的なプロジェクトの責任ある仕事は任せてもらえない。もちろん、結果を出さずに給料を吹っ掛けると、じゃあ契約はおしまいということになるリスクも持ちあわせているので、あくまで自己責任で、ということになるが。

完全週休2日制の所員、土日も出勤するペロー

ペロー事務所は基本的に週休2日で、朝は9時半ごろ開始し、19時には全員が帰る。コンペ提出前は2、3日は終電まで残っているが、徹夜は絶対しない。事務所の約束として、その週の成果物を模型やA3のプレゼンシートにまとめて自分の机の上に置いておく。それをペロー自身は土日にチェックしに来る。OKと書かれているとそのまま進めてよいというサインであり、プレゼンシ

ートの横にペロー自身がつくったとしか思えない、まったく違うコンセプトを示す模型やスケッチが置かれている場合もある。これは、コンセプト段階でも、基本設計でも、詳細設計でも同様に行われる。ペロー自身がスタッフの作業について、土日を勤務時間に入れずに指示を出していることが、建築のクオリティとワークライフバランスの両立を可能にしている。さらに言うと、彼はクライアントとの契約時点ですでに、スタッフの給料と労働時間を考慮しているのだと思う。

また、打ち合わせの最後に、必ず大事なポイントを優先順位をつけて伝える。さまざまな角度から議論したあと、一番はこれ、二番はこれ、三番はこれと、紙に書いて渡すので、非常に伝わりやすい。そのようなささいな習慣も、建築のクオリティを保ちながらのワークライフバランスに寄与している。

お金を掛けない豊かな生活

パリでの生活について少し書こう。感じのよい地区の家賃は東京の中心部と同じくらい高いが、ひとつ通りを隔てるだけで家賃が大きく変わるので、時間を掛けたり人づてに物件を探すことができれば掘り出しものが見つかる。パリ市（20区）の範囲は東京の山手線の内側よりも小さいので、交通ストライキ（しょっちゅうある）が起こっても市内であれば歩いて帰宅することも可能だ。暮らしとしては、新卒でも日本人を正規雇用してくれる事務所であれば、1人で生活していける程度の給料は出るだろう。外食は日本と比べると高いが、農業国だけあってスーパーで食材を買い、おいしくお買い得なワインを買い込んでおけば生活費は安く済む。友人と遊びに行くといっても、皆で公園でピクニックか、知人の家でのFête（パーティ）が多い。展覧会、コンサートなどのチケットも安価でクオリティは高い。公共機関のサービス意識のなさなど、日本の常識では驚くほどいい加減なことも多々あるが。

帰国の決意、ペローに学んだこと

週休2日で、平日は20時には帰宅していたため、休日を利用して1級建築士を取得し、個人でも実施コンペに応募していた。渡仏して10年目の2009年末、JIA主催の六甲の展望台のコンペで5人のファイナリストに残り、二次審査のプレゼンテーションをする機会を得た。最優秀賞を受賞された三《さん》分《ぶ》一《いち》博志氏のプレゼンテーションが印象的で、「私はこのような思想で建築をつくってきて、その延長線上に今回の展望台の提案がある」というものだった。自分の建築観の延長として、一貫した提案をプレゼンテーションすることは重要だ。しかし、私のように誰かの下で働かせてもらっている立場では、そういう自分のスタンスを持ったプレゼンができないように思えた。

パリに帰ってまもなく、ペローに「独立を

バングラデシュでの住民説明会。近所の村の人々に、建設予定敷地内で建物位置に縄を張り、どこにどのようなシェルターが建つかを説明している

バングラデシュのサイクロン・シェルターの模型写真。メヘンディを壁画に描く

考えています」と伝えた。ペローは、6カ月間は仕事の引き継ぎのためにパリに残り、その後は大阪に戻って〈大阪富国生命ビル〉の現場監理の仕事をしつつ、独立の準備をすればどうかと提案してくれた。

「都市・建築・ランドスケープをつなげて考える」ペローの姿勢は、彼個人の経歴、哲学や思想から来ているものであると共に、ヨーロッパの都市構造やベースとしてもある。建築や街は古いものを残しながら都市を活性化し、ある不便さを伴いながらも、長期的な経済効果につながっている。ペロー事務所で11年間仕事をし、ヨーロッパで生活することでそれを実感できた。

建築が必要とされている場所はまだまだある

帰国直後の2010年、バングラデシュのサイクロン・シェルターのコンペに応募し、最優秀賞をいただいた。以前、東京でソーシャルデザインの展覧会を観て以来、発展途上国の問題解決に、建築にもなにかできることがあるのではないかと考えてきた、その矢先のコンペだった。ペロー事務所では扱ってこなかった、新しい領域への挑戦だと思っている。

現在も進行中のこのサイクロン・シェルター兼診療所の敷地は、バングラデシュ南部の農村地域で、電気、ガス、水道もなく、井戸水とソーラーパネルで生活が成り立っているような僻地にある。そこでは、サイクロン・シェルターは、道路や橋のように人間の生活に必要なもので、その存在自体は建物というよりむしろインフラだ。そのように建築が必要とされている場所は、世界にまだまだあると思う。

地元住民の方へのヒアリングによると、こ

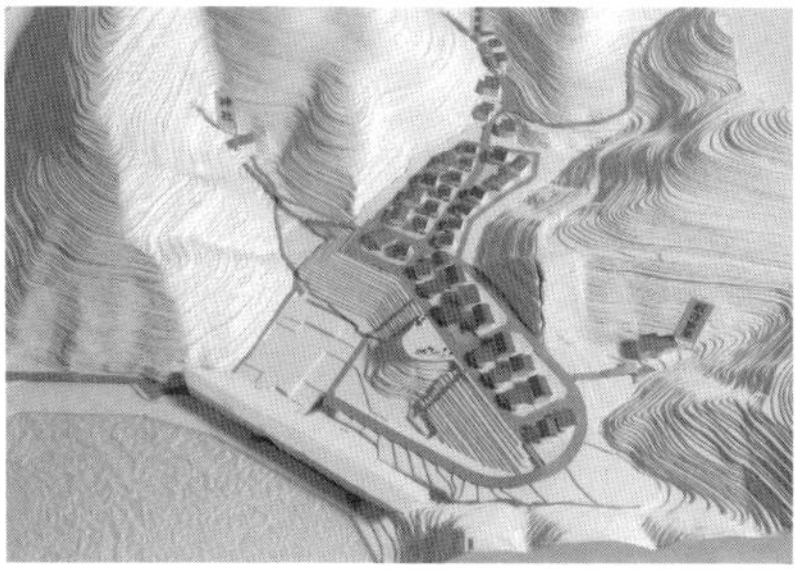

高地移転後の浜の将来を示す模型（1/1000）

釜石市でのまちづくり協議会で、浜の人々とのワークショップ

こは医者が定着しづらい地域だという。そこで、地元の若者を選抜し、准看護師を教育するトレーニング・プログラムを、受けられるようにした。また、イスラム圏ではなかなか女性が建設プロセスに参加できないのだが、大抵の女性は「メヘンディ」という唐草模様のような模様を描けることを活かしてシェルターの壁面にペインティングをしてもらえないかと提案した。女性にもシェルターが「自分たちの場所」だということを意識してもらえたらうれしい。

現在、独立して3年目。少しずつ仕事をいただき、同時に大阪工業大学で研究室を持っている。住宅やインテリアの現場では、職人の施工に学ぶことが多く、学生からも、漁村集落復興支援のプロジェクトを一緒に進めるなかで教えられることがある。浜の漁師さんから聞く話も、私には未知の世界だ。海外の設計事務所で働くことは、日本での実務経験として、遠回りで、11年という年月の使い方としては非効率的だったかもしれない。しかし、あの時にもっと知りたい、やりたいと思った気持ちを11年も育ててこられたことは、かけがえのない修行であったことも事実だ。そして、都市や地域とつながるかたちで建築を考えたい、という当時の気持ちは一層強まっている。

建築を地域の将来像につながるインフラとして捉え、居方の多様性を確保することは、東北で試みられているオープン・ガバナンスのまちづくりの考え方にも通じるのではないだろうか。多様性を前提にしたオープン・ガバナンスの考え方は、世界的に、多発的に、ますます必要とされるはずだ。都市や地方、日本や他の国々の現場に通い、設計を通じて提案を続けていきたいと思う。

〈注〉

＊1　アーキエイド（ArchiAid）：東日本大震災直後に組織された建築家による復興支援団体。個々に立ち上がった支援活動をネットワーク化し、被災地につなぐプラットフォームの確立をめざす。地域支援、建築教育支援、情報共有を三つの柱に、宮城県石巻市牡鹿半島などで地域密着型、長期的展望に基づいた支援体制を構築中。http://archiaid.org/

＊2　ドミニク・ペロー（Dominique Perrault, 1953－）：フランスの建築家、都市計画家。Dominique Perrault Architecture (DPA) を主宰。代表作は、〈フランス国立図書館〉。近作に〈ソウル梨花女子大学校〉〈大阪富国生命ビル〉など。

建築を通して、インドの行く先を見届けたい

–Vadodara

後藤克史

旅行感覚への疑問

天気予報を見て1日を始める日々に慣れてきた。２００３年より8年間あまり過ごしたインドよりロンドンへ移ってからの習慣だ。インドに一時帰国している彼女からはテキストメッセージを通じて日中の気温が40℃を超える日々が続いていることを知る。ロンドンでは3月も終わりに近づいていても、雪の降る日があるというのに。

携帯電話を通じて私の手元に送られてくる情報は距離や時間を越えてやってくる。つい先日もインドに住む元同僚から10年前のこの時期に私がカラン・グローバー[*1]の事務所に初めて来た日のことを思い出していたとメールが入った。ＳＡＲＳが東南アジアで猛威を振るってから10年が過ぎたことをニュースで聞いて思い出したようだ。私は２００３年から２０１１年までインド、ヴァドダラー(Vadodara)で建築設計と大学で講師[*2]をしていた。とても挑戦的で密度の濃い経験だった。大学で建築を学ぶ学生は旅行を通じて多くを学ばなければならないと先輩や教授陣から聞いていることだろう。私もそのような学生の1人であったし、それが長期休暇中に海外へ出かけることの大義名分となっていた。シベリア鉄道でロシア極東からモスクワ、ウクライナの首都キエフを経て、黒海までの旅行をしたこともある。

私と海外との関係性が変わったのは、学生時代に出入りしていたアパートメント[*3]という当時吉祥寺に拠点を置いていた企画、設計、デザイン事務所で、中国、寧波《ニンポー》のプロジェクトに同行したことによる。旅行者としての経験を自身の内に溜め込むということよりも、プロジェクトを通じて建築や都市に対する問題意識を共有、議論することの有効性、意義

インドで行われた探求型ワークショップでのインスタレーション

ワークショップの講評会。床に座っているカラン(左から1人目)とプレゼンをする著者(提供：連健夫建築研究所)

を見出し始めていた。初めてインドに行った時も興味が先立ったというより、なにかできるかもしれない、むしろなにかしてやるという気持ちからであった。

インドでのワークショップと探求型思考

そんな折に参加したのが連健夫《むらじたけお》建築研究室[*4]が企画した、インドでの建築、都市のワークショップだった。テーマは「ヴァナキュラーからの変換」。複数の都市を旅行しながら都市の土着性について関係性を探り、最終目的地のムンバイで、建築もしくは都市に関するインスタレーションとして成果を提案するという、探求型のワークショップだった。探求型とは、いわゆる建築行為のための条件が与えられず、自ら与条件を設定し建築を提案する。私は提案を導く過程として、インスタレーションを数回行い、そこから得ることの

できる解釈を提案に変換させた。ただでさえ人のごった返すインドの都市である。インスタレーション時には多くの人垣ができて、警察があらわれる事態にもなった。

カラン・グローバーとの出会い

ワークショップを通じて、デリーではラージ・レワル[*5]に講師として参加してもらい、ムンバイではカラン・グローバーと、女性建築家ブリンダ・ソマヤ[*6]に最終の講評を受けることとなった。これがカランとの最初の出会いであり、とても鮮明に覚えている。ラージとカランは、西洋で受けた建築家教育と土着性の関係をとても大切にしていた。インドの建築で最も大切な要素であるコートヤード（中庭）のもつ社会的な役割や、ジャーリ（Jali）という格子状の開口部がもつ意匠的役割、室内環境を調節するための役割など、インド建築の土着性を現代の建築へ融合させているという話を聞いた。特にアーメダバード（Ahmedabad）やヴァドダラーの旧市街では密集した建物や、とても狭い路地空間にコートヤードが挿入され、コミュニティの中心となる外部空間をつくっていたりする。こういった外部空間の連続によって、チャイ（インドの香辛料の入ったミルクティー）やサモサ（小麦粉の皮に野菜とスパイスを包んで揚げた軽食）の屋台が並ぶパブリックな空間から、老人が昼寝をしているようなプライベートな空間へとレイヤー状に街が構成されている。旧市街を散策していると、時にチャイやちょっとした甘いお菓子をご馳走になることもある。我々日本人の感覚からは建築の内部で行われるような活動が、インドでは外部空間で行われ、内部と外部の境界線があいまいな都市空間の使われ方にも惹かれた。それだけではなく、モスクや

コートヤード

寺院のように、周囲とはまったく異なる空間が都市に挿入されており、そんな景色も目に焼きついていた。異質もしくは存在感のあるものとその周辺との関係性にも興味があった。

渡印決定は突然

私がインド行きを決めたのは突然であった。インドのワークショップのシンポジウムが同じ年の夏に計画された際、私は連氏に推薦状を書いてもらう了解を得て、カランの事務所へ、所員として働きたいというメールとファックスを送った。カランにはワークショップの講評会に加え、その後のパーティもホストしてもらっていた。そんな彼のホスピタリティと人間味のあるコミュニケーションのしかたに惹かれたからである。学部4年の夏だったので、ワークショップの参加者は皆すでに進路が決まっていたと記憶している。

(前頁) カラン・グローバーの事務所よりヴァドダラーの街を眺める

インド式トイレ

インド暮らしの始まり

2003年4月ヴァドダラーに着いたのは真夏の時期だった。北回帰線よりやや南に位置しているため、年間で一番暑い時期は3月の終わりから6月までだ。夏のあいだ、ヴァドダラーでは日中、45℃を記録する日もある。

住宅事情、生活面に触れると、まず海外から移住する人向けのサービスがまったくない地域（デリーやムンバイでは外国資本の海外派遣者向けサービスがあった）だったので、事前に設計事務所のスタッフに住む場所は確保してほしいと連絡を入れておいた。事務所スタッフとの関わりが少なくなるので、ホテルに泊まるという考えはなかった。こちらの要求を伝えること、相手のオファーを受け入れることのバランスが取れると、スタッフたちとの距離も縮まり溶け込むことができたように思う。

初めの3カ月は事務所で働く若いドラフトマ

ン2人と私と計3人1部屋の共同生活であった。私も大学を卒業したばかりで若かったのでどうにかなったのだが、日本人からすれば決していい環境ではなかった。いい造りではないうえに古いときている。気温が40℃を超える暑さでも、乾燥しているので不潔な感じはそれほどせずなんとかなった。シャワーは一日部屋の外に出たバルコニーの隅に付いていて、水しか出ない。水しか出ないはずなのに、温かい。もちろん、気温がとてつもなく高いので温められているのだ。インド式（あいまいな表現でも想像してもらえるだろう）のトイレにもすぐ慣れた。トイレもバルコニーの隅にある。洗濯に関しては、小さなものは手洗いでも十分だった。絞らなくても暑いのですぐに乾く。その他は近くのクリーニングへ出すと、きっちりアイロンがけされて戻ってくる。面白いことに、Tシャツやジーンズにもしっかり糊付けされて戻ってくる。

パーミットショップと呼ばれる政府直営の酒店

食事とお酒

家での食事は、同居人のつくる南インドの料理を食べた。野菜を香辛料で炒めたもの、バターミルクのスープとご飯が、通常メニューであった。南インド人の同僚たちはキリスト教徒であるのでなんでも食べる。休日はどこから仕入れてくるのかは不明だったが、牛肉のカレーをよく昼に食べた。そして、その後は夕方涼しくなるまで昼寝というのが日課だった。エアコンはないので、天井にぶら下がる扇風機のみ。外の熱風が吹き込んでくると暑いので、窓を閉めなければならなかった。事務所のなかではほとんどの人がベジタリアン。ここグジャラート州の人たちは多くの人がベジタリアンであると考えていいだろう。卵を食べない人もいる。肉を食べる人でも、ヒンドゥ教の人は牛肉を食べないし、イスラム教の人は豚肉を食べない。そのため、レストランではチキンもしくはマトンが肉料理の中心となる。さらに、グジャラート州では法律で禁酒となっているのでお酒を買うことはできない。お酒を買うには政府が発行する許可証を申請する必要があり、さらに政府直営のお店でないと買うことができない。もちろん、買うことのできる量も決められている。通常、外国人は1カ月あたり4ユニット。1ユニットがウイスキー750㎖相当で、ワインならば1ユニットで3本、瓶ビールなら10本といった具合だ。これらを仲間内で分けるとしても、それではまったく足りないわけである。そうなると次の手段は限られているが、詳細は省かせていただく。ちなみに軍人、軍隊経験者は軍の施設でお酒を安く買え、軍人の階級にもよるが、一般人よりははるかに多く得られる。

住宅事情

南インド出身の同居人は湾岸諸国に職を求めて移住していったので、4カ月くらいの短い共同生活であった。インドでは、農村地域から都市部への移住はごく当たり前であり、よりよい収入を求めて海外へ移住する人も多い。移住のパターンはかなりのスピードで変わっているので、傾向を捉えるのは難しいのだが、現在では海外から帰ってくる移民も多く見られる。本来なら、多様な移住のパターンに伴い、多種多様な住宅の供給がなされなければならないのだが、インドではそう簡単にはいかないようだ。もちろん、東京で単身者用の物件を探すようにはいかず、ワンルームタイプや1Kタイプの物件などない。そこで私は、元同僚の設計事務所と私の住む場所を兼ねることのできる物件を探した。この共用の生活はとても快適であった。仕事と住む場所のゆるい関係性が功を奏したのか、多くの人の出入りがあったし、それを通じて建築やその他芸術関係の議論も多く交わすようになったのはこのころからである。その後、二度ほど引越しをして、それに伴い住まい方もアーティストのスタジオ兼という共用の形式に移っていった。

カラン・グローバー&アソシエイツでの仕事

事務所での2日目にはカランよりいくつかのプロジェクトの説明があり、仕事が始まっていった。2週間後に控えていた、グジャラート州のチーフ・ミニスター(Chief Minister、州の最高責任者)へのプレゼンテーション資料の作成だ。近代化遺産をリノベーションする美術館の提案で、線路沿いにある19世紀に建てられた列車の整備工場の再生だった。ヴァドダラーは有力なマハラジャ(領主)が設立した中堅都市で、多くの公共施設や大学がマハラジャの手によって整備され、発展した。この整備工場もマハラジャによって建てられたもののひとつだった。プロジェクトは実施を前提としたものではなく、グジャラート州の文化や経済発展のモデル案のひとつとして提案されたものであった。

その後も私は事務所のなかでプレゼンテーションとコンセプトの提案をカランと共に練る役割を担うことになる。プロジェクトはムンバイを中心にインド全体におよぶのだが、特に私はグジャラート州以外でのプロジェクトに携わることが多かった。分業が明確であるためと、他州でのプロジェクトには通常、ローカルアーキテクトをプロジェクトチームに配するためである。ちなみに私が働き始めた当初、事務所には事務関係のスタッフ5人、建築家4人、エンジニア2人、ドラフトマン3人に研修生が常に2、3人、それに加えて雑務を担当するお手伝いの人が2人という構成であった。経験を積むにつれ、実施設計段階でのプロジェクトの管理、ローカルアーキテクトをはじめとする各コンサルタントとのやり取りを任されるプロジェクトも多くなった。

事務所での1日

事務所は9時からスタートする。インドの設計事務所としてはやや早めだと思う。それに先立ち、8時には事務所の掃除が始まる。ここでも分業が見られる。事務所の雑務担当者の指示を受けて、床を掃除する人、ごみを集める人がこの時間帯に事務所を掃除する。机の上の掃除は事務所の雑務係の人が行う。9時前にはほとんどの人が出社するのだが、やはり遅刻常習者というのがいる。いわゆるインド時間だ。仕事は各々始めるのが普通で、特にミーティングが義務付けられていたりはしない。大きなプロジェクトでは建築家の指示でドラフトマンが図面を仕上げ、小さい規模だと若手の建築家が図面を仕上げる。2週間に一度の割合で、カランを交えての全体ミーティングがあるが、それ以外はプロジェクトを任されている建築家が適宜カランと直接ディスカッションをするといった具合だ。

昼食時はとても賑やかだ。カランは家に帰るが、ほとんどの人が会議用のテーブルで一緒に昼食をとる。それぞれ弁当を持ってきたり昼食を配達してもらったりするのだが、それを皆で分けあって食べるのでたくさんの種類のものを食べることができるし、家族みたいでとても楽しい。昼休みは1時間なので昼寝の余裕はなかったが、昼寝の時間をとる事務所も、聞くところによるとあるようだ。事務所は18時までで、基本的に残業はほとんどせず、皆さっと家に帰る。

カラン・グローバーの事務所の所員。カランの自宅にて恒例の新年会(上)と、旧市街と鉄道の駅を見下ろすことのできるビルの最上階(11階)の事務所(下)(提供:カラン・グローバー＆アソシエイツ)

ワークショップと設計プロセス

入所2年目くらいから、クライアントとのワークショップをコンセプト段階で行う手法を多く取り入れ始めていた。通常3、4日の泊り込みでのワークショップを、プロジェクトマネジメント・コンサルタントをはじめ、構造設計事務所から設備設計事務所関係者、ランドスケープアーキテクトを交えて行われる。カランが事務所にいるのは週の半分くらいなので、ワークショップをコンセプト段階で取り入れることは、カラン自身のプロジェクトに対するコミットメントを増やすだけでなく、我々設計スタッフとの大事なコミュニケーションの場となる。レヴュー形式で進める設計では図面や模型の見栄えや完成度に左右されてしまい、プロジェクトに付随する問題意識を十分に検討できない。ワークショップ形式では議論、簡易なダイアグラムとドローイングで問題意識を共有し、コンセプトを初期段階ですばやく検討していくことができる。

INTERIOR DESIGN

〈ジャダヴガドゥ・フォート・ホテル（Jadhavgadh Fort Hotel）〉

ワークショップから基本、実施設計を通じ竣工まで担当することができたプロジェクトに、城壁をリノベーションしたホテルがある。プネーというヴァドダラーから南に500㎞ほどのところにある都市から1時間ほど離れた丘陵地にある。城壁を眺めることのできる小さなコテージに3日間、クライアントとその家族、コンザベーションアーキテクト[*7]、ランドスケープアーキテクト、設備設計事務所と我々カランの事務所からのスタッフらが参加してのワークショップであった。ほぼすべての計画が、3日間のワークショップで決定され、幸運にも城壁の保存に関する制約事項に照らしあわせても計画に関わる変更を必要としなかったため、すべての計画をそのまま基本設計へ移行することが可能であった。レビュー形式とクライアントへのプレゼンテーションの繰り返しであったなら、いくつかある平面計画をひとつに絞る作業がとても大変になったであろう。また、クライアントの計画に対する理解度を測ることができるのもワークショップならではだ。プレゼンテーションでもクライアントの興味が模型や3Dの見栄えに奪われてしまうことなく、コンセプトの段階からしっかり共有できる。

クライアントであるスタンダードチャータード銀行とのワークショップのようす

基本設計後は、コンサルタントから送られてくる図面とローカルアーキテクトとのコミュニケーションが中心となる。州が違うと言語も変わってくるインドでは、彼らがいなければ職人と会話ができないこともあるからだ。また、インテリアデザインと建築デザインもインドでは分業されていることが多い。インテリアのコンセプトは建築のそれとは別に練られる。完全分業でのデザインの統一性、完成度に疑問を持つこともあったが、今ではコラボレーションをすることで、よいプロジェクトにつながると思っている。

インドの建築

カランの事務所では2003年完成のインド南部にあるハイデラバードのグリーンビジネスセンターを手がけて以降、アメリカのグリーンビルディング協議会のLEED（Leadership in Energy and Environment Design、環境に配慮した建物に与えられる認証システム）を基に、多くのプロジェクトを進めることになる。このプロジェクトは、米国以外では初となるLEED審査で最高ランクの認定を獲得することになり、その後カランは、インドにおけるグリーンビルディングの第一人者としてさらに活動の幅を広げていく。特に彼の場合は、土着的な手法を取り入れて環境負荷を抑えること、建築内部の質を上げることに成功している。なかでもコートヤードの配置、植栽計画の特徴はジェフリー・バワ[*8]から受けた影響もあるのだと

〈ジャダヴガドゥ・フォート・ホテル〉夜景。城壁は二重になっており、外側と内側の城壁のあいだにホテルの部屋が挿入され、内側の城壁内にはプールと中庭が新しくつくられた（提供：カラン・グローバー＆アソシエイツ）

思う。特別に親しくしていたようで、バワが亡くなったという連絡が電話でカランの事務所に入ったことを覚えている。バワの影響は今日のトロピカルモダニズム[*9]の先駆けと言ってよく、気候、社会背景の異なる北インドでもその影響は顕著である。インドにおける中産階級の拡大に伴う建築郡が、今後のインドの都市や街のイメージをつくっていく時にもこれらのトレンドを追いかけるに違いない。

インドと関わり続けながらも次へのステップ

インドには2011年の8月まで住み、その後AAスクールへ行くためロンドンへ移った。理由は明らかであった。カランの事務所でのプロジェクトには、観光業に関わる都市計画の見直しから、大規模な工業団地や新しいタウンシップなども含まれていたので、プランニングのコンセプト、特にサステイナブルな視点で計画することに関しての知識は豊富に蓄えることができた。しかしながら、急速に発展していくインドという巨大市場を意識すると、建築にできること、建築事務所で請け負うことのできるプロジェクトの規模には、限界があると感じていた。プランナーだけでなく建築家も、都市を形成するにあたっての建築をつくる以前のポリシーや戦略に、積極的に関わっていくべきである。特に現在グジャラート州では、日本とカナダをパートナーカントリーに、新たな工業団地[*10]のプロジェクトを進めている。インドが新たなフェーズを迎えた今この時期に、8年過ごしたインドを外から見てみるいい機会になると思った。

現在はAAスクール[*11]での1年半のコースを修了し、次へのステップを模索しているところである。今後拠点を置く場所は、まだ決まっていない。インド人アーティストで私のよ

〈ジャダヴガドゥ・フォート・ホテル〉の現場

2層吹き抜けの中庭に面するバルコニーの柱は地元の大工によって装飾される。レンガは主要な建材。床材となるサンドストーン(砂岩)は州外から運ばれて来る

き仕事のコラボレーターであり、彼女でもあるパートナーと、その選択が我々の短期的、長期的な活動にどのように影響を与えるかを話し合っているところである。イギリスもしくはその他の西ヨーロッパ諸国で活動を開始するのか、それともインドへ戻るのか、さらにはインドも跳び越し日本へ戻るという選択肢もある。どの選択肢を選ぶことになっても、私がインドで建築設計に携わる仕事をスタートした事実は変わることがないし、8年間で得た経験は稀有なものであると思っている。この本を通じてインドの建築のよさや体験の一部を紹介できることは大変うれしい。私とインドの建築との関わりは今後も続いていくはずであり、それに伴い、もっと新しい動きを世界中からインド国内へと紹介したい。インドという土地とそこに住む人々は、それらを受け入れ、さらには自国のものとして扱うだけの豊かさをもっている。ヒンドゥ教が多神教として万人を受け入れるように、また、彼らが私を受け入れてくれたことでも証明できるだろう。日々の生活のなか、インドの友人知人とのあいだで当たり前に交わされるメールの数々から、毎日実感している。

〈注〉

＊1　カラン・グローバー（Karan Grover, 1951－）：インドの建築家。Karan Grover & Associates（KGA）を主宰。代表作に、〈CIIグリーンビジネスセンター〉〈プラズマ研究所〉などがある。

＊2　大学での講師：インドの建築教育は5年制で私は1、2年生の設計の演習を担当させてもらった。

＊3　アパートメント：有限会社アパートメント。現在は西荻窪、タイのバンコクを拠点に活動している。代表は滝口聡司。

＊4　連健夫建築研究室：連健夫氏による1級建築士事務所。3年に一度、海外でのワークショップを企画している。

＊5　ラージ・レワル（Raj Rewal, 1934－）：インドの建築家。RAJ REWAL ASSOCIATESを主宰。代表作は、〈国会図書館〉〈リスボン・イスマイール・センター〉など。

＊6　ブリンダ・ソマヤ（Brinda Somaya, 1949－）：インドの女性建築家。SOMAYA and KALAPPA CONSULTANTSを共同主宰。代表作は、〈ナランダ・インターナショナルスクール〉〈セント・トーマス教会〉など。

＊7　コンザベーションアーキテクト：保存対象になっている建築、地域の修復、またはリノベーションに関する専門知識をもつ専門家、もしくはその類のプロジェクトを多く手がける建築家。

＊8　ジェフリー・バワ（Geoffrey Bawa, 1919－2003）：スリランカを代表する建築家。David Robson著の『Geoffrey Bawa: The Complete Works』に詳しく記録されている。

＊9　トロピカルモダニズム：東南アジアを中心として、今日のレジデンスやリゾート建築に広く影響を与え、世界に普及している。David Robson著の『Beyond Bawa』ではスリランカ、シンガポールとバリでの影響が詳しく掲載されている。

＊10　新しい工業団地：10を越えるSpecial Economic Zoneがグジャラートには存在し、グジャラート政府による「Vibrant Gujarat」という2年に一度行なわれるサミットによってビジネスの機会が設けられると同時に認知度の向上を目指している。

＊11　AAスクール：Architecuture Association School of Architectureの通称。ロンドンにある私立の建築学校。レム・コールハース、ザハ・ハディドなどを輩出し、理論教育にも定評がある。

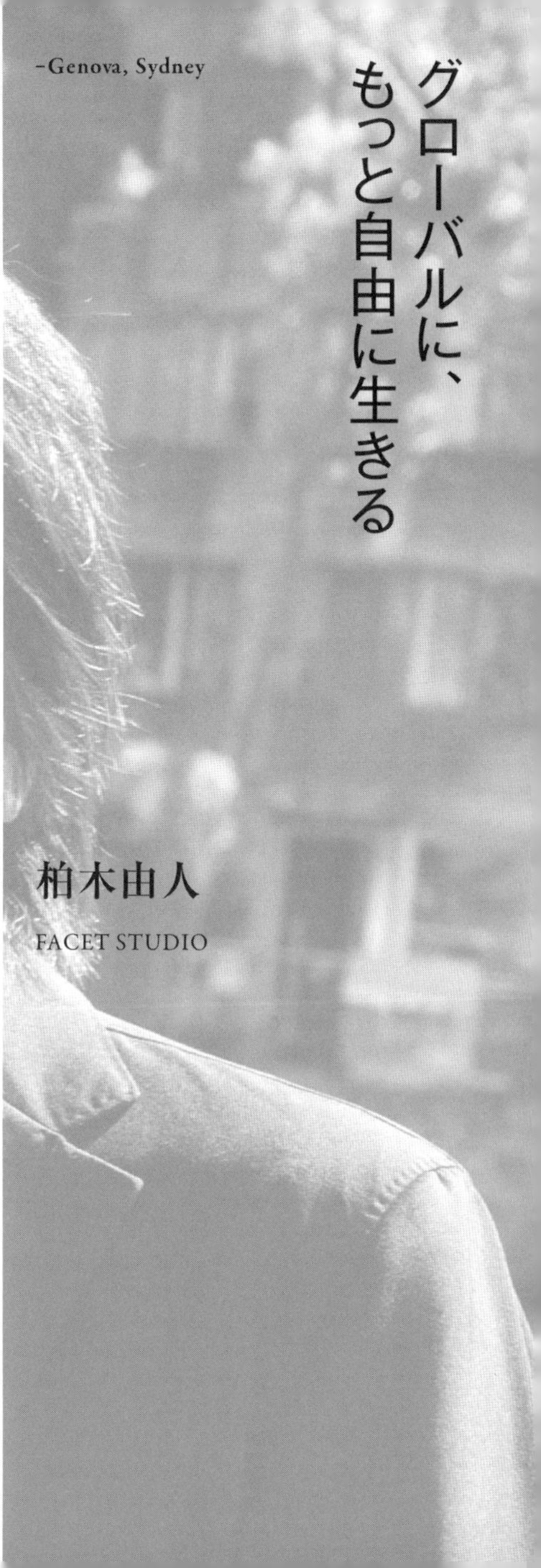

グローバルに、もっと自由に生きる

—Genova, Sydney

柏木由人
FACET STUDIO

人々に寛容な建築を求めて

今、私はヘルシンキへ向かっている。

フィンランドを訪れる目的は教会建築の視察。２０１３年２月に「同志社大学京田辺キャンパス礼拝堂および関連施設」の国際コンペで最優秀作品賞を得て、急遽、実施設計に移行しなければならなくなったからである。多数のビッグネームを含む３７９件の応募案のなかで、

「街なかの教会と大学キャンパス内にある礼拝堂のあり方は違うはずだ」という本質に迫るコンセプトが審査員の方に評価されたようである。

祈りを捧げること以外にも、いろいろな目的を持った人を等しく受け入れる寛容な建築が、21世紀の宗教施設には求められているような気がしていた私は、フィンランドでかつて見た、あるプロテスタント系の簡素な教会

建築[*1]が気になっていた。教会ですと言われなければ、ほとんどそれとわからない外観。特に、十字架があるわけでもなく、派手なステンドグラスの開口部があるわけでもない。それでも、人はそこになにかを求めて、その空間を訪れる。今回設計する礼拝堂が、宗教施設という枠組みを超えて「人の集まる場」になることを願う私は、直感的にフィンランドのそれに可能性を感じ、もう一度見たくなったのである。

昔から直感を大切にするタイプだし、思い立ったらすぐ行動に移すことを信条に生きてきた。今思えば、その姿勢が建築を勉強するきっかけを生み、建築家になることを決心させたと思う。

アルバイトに勤しむ学生時代

学生当時、3Dソフトを使いこなせる人が少ないなか、熟知していた私はシーラカンス[*2]でのアルバイト中はずっと〈クレアこうのす〉という大地が隆起したような文化施設のプロジェクトに関わる機会を得た。現在スキーマ

建築計画を主宰している長坂常《ながさかじょう》氏と私とで、3Dソフトを使ってその特殊な建物のカタチをつくり、断面図を基に所員さんが2次元の施工図を描いていくという作業がひたすら続いた。我々がつくった3次元のカタチを基に、音楽ホールの座席の配置が決まったり、ホワイエの空間的構成が決まったり、最終的な建物のカタチが決まったりと、およそアルバイトの身分では体験できないような責任ある仕事をさせてもらった。新しいテクノロジーを駆使して建築を設計していくシーラカンスの姿に、私は建築設計の未来を感じ、「テクノロジーが可能にする建築のあり方」を漠然と意識するようになっていた。

迷いは新たな世界へと誘う

大学院も2年生になり、身の振り方を考える時期がきた。アトリエ系の事務所に就職するのか、組織事務所に就職するのか、それとも、ゼネコン設計部に就職するのかと、一般的な選択肢を考え始めていた。

その当時、父は、プリンシパル・アーキテクトとして

竹中工務店に勤務していた。高校生までを過ごしていた実家では、平日に父の姿を見ることはなかった。朝起きたらもう出社していて、帰宅するのも私が寝てからである。週末はずっと机に向かってなにかを勉強していた父の姿しか記憶にない。でもそんな父の表情はいつも晴れやかで、いきいきしていた。そして、すごく格好よかった。ゼネコンに勤めるという選択肢が、才能と努力、そしてビジネスセンスがあれば、建築作品を残しつつ高給を得られることを、父を通して知っていた。シーラカンスでも、所員さんも私も含め毎日毎日終電まで働いていたが、仕事の合間に建築論を語って同じく皆いきいきとしていた。

おそらく、アトリエ系でも、組織事務所でも、ゼネコン設計部でも、建築の設計をすること自体は楽しいのだと思う。そこに喜びを感じられなければ問題外だが、どんな組織に属するのかが就職を考えるうえでの本質ではない、と考えるようになっていた。

そんな時、ある衝撃的な模型に出会った。

人生を変えた模型との出会い

ギャラリー間でレンゾ・ピアノ[*3]の展覧会を見る機会があった。その会場でニューカレドニアにある〈ティバウ文化センター〉の模型を見た時に走った衝撃は、今でも鮮明に覚えている。それは、今まで見たことがない建築であった。カタチの奇抜さに驚いたわけではない。ニューカレドニアに代々伝わっていた文化と最先端の現代技術が、まったく違和感なく融合している姿に驚いたのである。土着文化とテクノロジーが融合して大自然の中に佇んでいる作品から、創った建築家のエゴらしきものはまったく感じられなかった。ただそこに、自然に存在していたのである。

その当時、好きな作風の建築家は何人かいた。その人たちを真似て学校の課題を設計していたと思う。でもそれは所詮、見た目だけの世界。その人たちの事務所へ就職しても、肝心の「自分はなんのために設計をしていくのか」という、建築家として生きていく指針が発見できるだろうとは思えなかった。でも、レンゾ・ピアノの模型には、なにか、建築の本質を初めて見たような気がした。作風だけではなく、もっともっと大きな、社会的な使命を意識した建築のあり方。私が学びたかったのは、こういうことなんだと気づいたのだ。

就職を考えるうえで大事なことは、「属する組織が保証する経済的待遇」と「自分が人生で追い求めること」を摺り合わせることではなく、「将来自分が設計したい建築の本質を考えられる場なのかどうか」だと気づいた。どこに属していても経済的糧を得ながら、建築作品を創れる。この点が整理されていないと、自分の迷いの本質は一生解決できないだろう、と結論付けたのである。

選択肢の問題ではなく選択肢の幅を広げること

正直、海外で働くということが、アトリエ系、組織事務所系、ゼネコン設計部系とは違う、第四の選択肢だとは思わない。でも日本から海外まで視野を広げると、自分のもやもやした気持ちに答えてくれる組織や建築家が必ず存在する。だって地球上には約70億人も住んでいるのだから。

選択肢の幅を広げることに目覚めた私は、絶対レンゾ・ピアノのところで働くと心に誓った。この建築家の下で働かないのなら、今後建築設計を続ける意味がないとまで思いこんだ私は、展覧会での感動を手紙に書いて送ることにした（メールというのはまだまだ一般的ではなかった）。それからは彼の本を読み漁った。読めば読むほど、彼の世界観に心酔していった。ますます彼の下で働きたくなった私は、感動体験と共に、彼の建築が目指している世界観に対する私なりの理解を、手紙数十枚に渡って書いた。

いろいろ書いた記憶があるが、アピールした重要な点はひとつ。彼の建築を私は理解している、ということ。世界中から履歴書を受け取る側になった今の私にとって、自分が手紙の中で力説したポイントはすごく大事だったように思う。就職希望者のプレゼンの技術はすごく向上しているし、ポートフォリオだけ見ると全員雇いたくなるほど魅力的な出来映え。でも不思議と、恋い焦がれる建築家の建築考察を書いてくる人は少ない。そして、残念なことに履歴書を書いた人の個性もなかなか見えてこない。

ひとつのプロジェクトにはいろいろな人が関わる。施工図部隊。施工監理部隊。意匠設計部隊。即戦力をアピールできる経歴の人が、スキルをアピールするのは正攻法だと思う。でも新卒の私に、そんなものがあるわけないのである。私にできるのは、情熱をぶつけることだけ。でも相手は、巨匠レンゾ・ピアノ。彼の下で働きたい人がたくさんいるのは容易に想像できた。じゃ、どうするか……。

片道切符でパリへ

手紙だけではダメだと思った私は、ポートフォリオを手にパリへ行くことにした。「思い立ったらすぐ行動」と共にもうひとつ心がけていることは「退路を断つ」という姿勢で

面接で見せたポートフォリオ

ある。要は、言い訳という、自分に容易にできる「逃げ道」をつくらないことである。これからやろうしていることに、自分がどれだけ本気なのかは、結構相手に伝わる。これは、人種や文化の違いを超えていえることなんじゃないかと思う。だから私は、レンゾ・ピアノの事務所で働けるまでは絶対に日本には帰らないと誓って、片道切符を手にパリへ飛んだ。結果を出すまではもう私の帰る場所はない、という思いで。

実力以上のことをする時は、1回のチャンスに全力を出すのが私の流儀なのである。

当然すぐには会ってくれなかった。滞在先のホテルから毎日電話をする。受付の人は、最初取り次いでもくれなかった。事務所も毎日訪ねた。最初は建物の中にも入れてくれなかった。でも徐々にその重い扉は動き出す。受付の人とインターホン越しではなく、直接

顔を見て話せるようになった。採用担当の人に伝言を残してくれるようになった。そして、ようやく採用担当の人が話を聞いてくれることになった。

実に、2週間の時間を要した。そのあいだ、心が折れそうになって、帰りのチケットを買うために旅行代理店の店先まで行ったこともある。でもそうしなかったのは、やっぱり彼の下で働きたいという思いが強かったからだ。レンゾ・ピアノ本人に会うことはなかったが、採用担当の人に会えれば、あとは一生懸命やったことを伝えるのみ。さいわい手紙も読んでくれていて、私の存在は知ってくれていたみたいだ。半年学校に通って練習したフランス語だけで面接を終えることはできなかったが、思いの丈を英語で精一杯伝えた。そうすると、ポートフォリオを預かってもいいか、イタリアにも問い合わせてみるよ、と言ってくれた。その日はそれで終わり、待つことさらに1週間。彼からまた事務所に来てほしいという連絡が入る。行ってみると、イタリアでなら雇ってもいい、ということになった。パリで働くことをイメージしていた私は、イタリアですか……と、正直一瞬戸惑ったが、そのオファーをすかさず快諾した。それは、熱意と努力が重い扉を開けた瞬間であった。

レンゾ・ピアノ事務所で働く

すぐに帰国し、身支度を整え2日後に出国。向かった先は、水の都ヴェニスのイタリア語学校。働き始める前に少しでもイタリア語を学んでおきたかったからだ。これは思ってもいなかったことだが、フランス語とイタリア語はすごく文法が似ている。さらに、発音はイタリア語のほうが、フランス語より日本人には簡単。結構短期間で基本的なことは話せるようになったと思う。1カ月後、意気揚々とレンゾ・ピアノの事務所のあるジェノバへ向かったが、現実はそんなに甘くなかった。

私はもともと慶應義塾大学の商学部でマーケティングを学んでいた。大学院で湘南藤沢キャンパスの建築都市コースに編入した私は、実は2年間しか建築を勉強していない。熱意でこじ開けた扉であったが、基礎的知識や経験がかなり欠落していた。さらに、にわかに勉強したイタリア語ではまったく皆の会話についていけない。私が理解をしていないと、業を煮やして英語で話をしてくれるが、アフター・ファイブはもちろん100％イタリア語。彼らは仕事以外では英語を話したくないのである。最初の1カ月くらいは、自分がなにをわかっていないのかがわからなかった。ほとんど推測で反応していたので、相手の求めることに応えている時もあれば、まったく見当違いなことをやっていた時もある。今思えば一番辛い時期だった。でも救ってくれたのは、イタリア人の陽気な人柄と事務所の環境だったのだ。

イタリア・ジェノバでの生活

事務所のスタッフ5人（イタリア人3人、アメリカ人1人と私）と、地中海の絶景が望めるマンションをシェアして過ごしていた。毎朝誰かの車に乗っけてもらって事務所へ向かう。途中行きつけのカフェでカプチーノを1杯飲んで、地中海沿いの道を10分くらい走り、事務所のある丘の麓に到着する。そして、その麓から小さなガラス箱のようなケーブルカーに揺られて、3分ほどで丘の上の事務所にたどり着く。私はこの「生活の場」から「仕事の場」へとスイッチが徐々に入っていく小さな旅が毎朝楽しみだった。

RENZO PIANO BUILDING WORKSHOPジェノバ事務所で働いていたころ

まず事務所に着いてすることは昼食の注文。事務所から一番近い街までは車で15分くらいかかるので、車のない人のために事務所のお手伝いさんが出前を用意してくれるのである。前菜、メイン、デザート、さらにワインまでついて当時300円くらいだった。さすがはイタリア。昼から事務所でワインを飲む。2時間ほどの昼休み時間、地中海が望める事務所のテラスでゆっくりランチを楽しむ。そのあと海に行って泳ぐ人、昼寝を楽しむ人、読書を楽しむ人など、午後の仕事に備えて思う存分リフレッシュ。夜は、よほどのことがない限りは19時くらいには帰宅。夕食はほぼ毎日皆でつくり、地中海を一望できるバルコニーで、またワイン片手にイタリア料理を食べる。

満員電車に揺られて出勤し、昼はコンビニ弁当をパソコンのモニターを眺めながら食べる。そんな光景を日本で当たり前のように見ていた私は、このゆったりとした生活のスタイル自体にとてもカルチャーショックを受けた。そして、食べること、飲むこと、話をすること、日々楽しく人生を送ることに真剣なイタリア人の姿勢に、日々鮮やかに生きることの重要性を学んだ。今思えば、1日の生活の中にこうしたゆとりが介在することは、社会の器を設計する建築家には重要だと思う。海外で過ごすことの効用はこんなところにもある。

レンゾ・ピアノに学んだこと——本質的なテーマと向き合う姿勢

その当時、レンゾ・ピアノ事務所ではジェノバの事務所でおよそ50人、そしてパリの事務所で同じく50人くらいが働いていた。パリの事務所はヨーロッパのプロジェクトを担当し、ジェノバの事務所はそれ以外の地域のプロジェクトが多かった。私が最初に参加したのは、アメリカのダラスにある〈ナッシャー彫刻美術館〉。基本計画が終わり基本設計に入るころで、コンセプトをより明確にすることと、美術館として機能させるための平面計画づくりにチームが集中していた。特に後者では、各諸室の機能を示すための模型をひたすらつくり、レンゾとの打ち合わせで平面計画概要を一目で見てわかるようするのが私の役目であった。レンゾは月の半分をパリ事務所、そしてもう半分をジェノバ事務所で過ごす。ジェノバにいる時は、彼は毎日事務所にやって来る。事務所の上部に住んでいるので、いつ何時やって来るかわからない。葉巻の甘い匂いが事務所中に漂うと、それは彼がやって来たという証拠。一瞬にして事務所に緊張が走る。

彼がＯＫを出すまで、来る日も来る日もチーム内で平面計画をいじっては模型をつくり、議論を繰り返しては彼にプレゼンをする。敷地の制約条件のなかで、建物が美術館として機能するための、諸室と機能の美しいつながり方を追い求める。そして人とモノの動線をきれいに整理していく。最初にカタチありきではなく、諸室の関係性の中にひとつの真理を見いだし、そこから建築を立ち上げていく。そしてもうひとつ、人が美術品を適切に鑑賞するための美しい光の取り入れ方をエンジニアと研究する。この作業をひたすら繰り返すことで、この〈ナッシャー彫刻美術館〉がこの場所にあるための本質、この建物が美術館として成立するための機能的な本質が徐々に明らかになってくる。

私が〈ティバウ文化センター〉の模型で味わった感動は、こうやって蒸溜された結晶を見たからだったのだと思う。私がレンゾ・ピアノの事務所で学んだ大きな点は、この本質をあぶり出す作業をするための「頭の中に溢れる要点の優先順位をきれいに整理しておくことの重要性」と「その作業を愚直に繰り返す忍耐力」である。新しいアイデアは突然天から降ってくるわけではない。建築セオリーだけが一人歩きをして、建築の新しいカタチやあり方が生まれるわけでもない。地に足の着いた、イタリア人が代々受け継いできた職人気質とでもいえるものを、レンゾ・ピアノの後ろ姿に感じたのだ。

南半球へ——オーストラリアで独立

ダラスでナッシャー彫刻美術館の基本設計が進んでいたころ、シドニーではオフィスビルのプロジェクトが工事中であった。それで、シドニーからオーストラリア人の元レンゾ・ピアノ事務所出身の現場監督が、毎月のようにジェノバへやって来ていた。毎月彼と顔を合わせるようになってオーストラリアの建築事情を聞いているうちに、人々の暮らしが自然と共存しているシドニーに興味を持ち始めた。そうこうするうちに、彼はＡ４ペーパーにオーストラリア人建築家の名前を30くらい書いて私の元に持ってきた。聞くと、全員スタッフを探しているという。そう、オーストラリアはその時シドニーオリンピック開催の2000年。好景気に沸いていたのである。その建築家たちのなかに、たまたま学生の時に感銘を受けたエンゲレン・ムーア事務所[*4]の名前を発見する。2層吹き抜けの大きな開口部が全開して、室内空間とプールのある屋外空間がシームレスにつながる、そんな住宅を都市の中に設計した建築家だった。学生時代、理屈なしに人間が快適に感じる空間にも憧れがあったのである。

将来的に独立を考えていた私は、ずっとここに残るのか、他を探すのか迷っている時期だった。ジェノバの事務所が担当していたプロジェクトは、ヨーロッパ以外の世界中に点在するため、実施に入った途端、ローカル・アーキテクトの手に委ねられる。当時の私の立場で関われるのは、せいぜい基本設計までとわかっていた。地元に根差し、もう少し小さなスケールで基本設計から現場監理まで担当できる。それが魅力で、1年勤めたレンゾ・ピアノ事務所に後ろ髪を引かれながらも、オーストラリアへ移住することを決心した。

契約社会に見る建築家のもうひとつの側面

オーストラリアに移籍して働いたエンゲレン・ムーア事務所（現在2人の経営者はそれぞれ別々で活動している）は、個人住宅と店舗の設計を主とした事務所である。ここで個人住宅・集合住宅の設計、店舗の設計、家具の設計と、いろいろと体験しながら結局8年ほどお世話になった。今、私がシドニーで自分の事務所を運営するノウハウはここで学んだ。レンゾ・ピアノ事務所とは違って、すべてのプロジェクトは担当者とボスの2人で設計を進める。彼の赤ペンで修正された図面が毎日私のところに返ってくる。最初のころは、図面が真っ赤になるくらいダメ出しがあった。特に印象的だったのは、寝室の枕のカタチと大きさに赤ペンのチェックが入っていたこと。言うか言わないかの違いだと思うがこれには最初閉口し、日本人以外でも精神論者がいることに驚いた。

彼と図面のやり取りをするなかで、図面に向き合う姿勢を学んだ。オーストラリアにおいては、建築図面は契約書を意味している。ここに描かれていることは、すべて法的に効力を発する。極端な例をいえば、図面に描かれているとおりに施工してなにかトラブルがあったら100％建築家の過失だ。大工さんが気を利かせて事前に教えてくれることはない。彼らは我々の図面を基に施工する契約をしたわけだから。図面は建築家が考えた創作の結果だけではないのである。彼が図面の隅々まで目を光らせていたのは、事務所が訴えられないようにするためでもあったと思う。建築設計の、創造する過程だけに囚われていた私には、この契約社会の厳しさが身にしみたし、建築行為の違った一面を教わった。この流れはどんどん加速しているし、今では世界の基準になっていると思う。

学んだことをどう自分なりに消化させるか

7年目からほぼ毎日のように通っていたタイ料理屋のオーナーから改装の相談を受けるようになった。

相談を受けるなか、段々自分でやりたくなってくる。でも事務所に勤めながら副業でやるのは、無理。さいわいその時期に日本の住宅の仕事にも声がかかっていたので、思い切って独立することにした。ここでも退路を断ってことに挑む、という私の信条を貫くことにし、パートナーと共にFACET STUDIOを立ち上げた。とはいえ、精神的には実はずいぶん前から独立していた。事務所で働いていたころから常に、自分がボスならどう対応するのか、というのを何年も前から予行練習していたのである。だから意外と不安はなかった。

日々のキャッシュフローで生きているレストラン経営者にとって、改装工事のために店を閉めるのは命取りである。だからこの仕事で真っ先に考えたのは、現場での工程を極力減らすデザインのあり方。ほとんどのモノを工場でつくり、現場での作業は2日でやれる量に絞った。

驚いたのは隣のレストランオーナーである。ある日突然隣の店はまったく別のイメージをまとったお店になったからである。そして、こんな短期間でこれだけのことができるのなら自分たちのお店の改装もお願いしたい、と言ってきてくれた。店舗設計でも建築設計でも、根本

(次頁)FACET STUDIO SYDNEY OFFICE
(撮影：Andrew Chung)

は同じ。本質的な施主のニーズを無視したデザインは共感を呼ばないのである。このスタンスは、事務所を開設して5年目を迎えた今でも変わっていない。これは、レンゾ・ピアノ事務所とエンゲレン・ムーア事務所を渡り歩いてきて出した、私なりの結論である。

異なる価値観が共存できる、寛容な建築を目指して

オーストラリアという多国籍な国に住んでいると、毎日いろいろな人種の人たちとやり取りをすることになる。工事中は、中国人の大工さん、香港出身の電気屋さん、ギリシャ人の設備関係者など、いろいろな国出身の人が現場に携わっている。役所の人も多種多様。そして、現在進行しているプロジェクトは、シドニー、日本、中国の仕事がそれぞれ3分の1ずつくらい。だから、ホームページは英語、日本語、中国語の3カ国語で対応し、地球上の幅広い人にアクセスしてもらえるように工夫している。

2008年に立ち上げた事務所FACET STUDIOでスタッフとランチの用意

そういう環境だと、違いを知るのもさることながら、価値観の違いを乗り越え、共通項を探して物事を進める必要性に直面する。異文化の人にも共感してもらえる本質に迫った建築のあり方を提示しないと、その建築の意義をスタッフにも理解してもらえないし、多様な国籍のお施主さんから設計内容を了承してもらうことは難しい。だから視野が狭くならないように、できるだけ事務所内でもグローバルな感覚で仕事ができるような環境づくりを心がけている。スタッフはできるだけいろいろな国籍の人を採用し、今は、台湾人のパートナーと、日本人、中国人、タイ人、スペイン人、マレーシア人のスタッフと日々一緒に仕事をしている。

一方これだけ国際色豊かになると今度はま

とめるのも大変なことになってくる。だから、昼食は事務所内のキッチンで毎日各スタッフの郷土料理を皆で一緒につくって食べている。同じ釜の飯を食う、とはよく言ったもので、自然とコミュニケーションが円滑に進むようになる。レストランで食べるような料理ではないので、食文化からその国のリアルな生活スタイルを垣間見ることができる。さらにスタッフには毎日帰宅前に図面、模型、パースなど言葉以外の方法で自分の考えをプレゼンしてもらうようにしている。提案してもらった設計資料をチーム全員でまずは考察して、それからそのスタッフに言語で説明してもらう。彼らの説明を聞かなくても資料から全員が理解できるかどうかを、その案がどれだけ異文化の人にも共感してもらえるのかを知るための指標にしている。

そういうことを5年ほど続けていると、最近、文化の違い、肌の色の違い、髪の色の違いなどはいろいろあるにしろ、皆、根本は同じなんだな、と思う。そうすると否が応でも、もっともっと広い単位である「地球」や

〈Sneakerology〉同じ単位を繰り返し、人々の興奮を刺激することで、消費意欲をかき立てる(撮影：Katherine Lu)

「人間」ということを考えざるを得なくなってくる。対象とする単位が日本人、民族、人間へとシフトしていくと、ある特定の人だけがいいと思うデザインを設計しているだけではなにか違和感を感じてくるようになる。異なる価値観が共存できる寛容さがないと、その建築が社会に受け入れられることはない。建築の物理的な寿命よりも社会的寿命のほうが短い現代にあって、これは致命的なのである。

グローバル時代に、多民族国家で建築家として生きる

おそらく世界一読者が多い建築・インテリアオンライン雑誌は『Dezeen』。作品掲載の依頼があって写真を送ると、1時間後には全世界の読者数百万人へと発信される。以前私がシドニーで設計したスニーカーショップ〈Sneakerology〉をホームページで見た、フランスのラコステや、ロシアの広告代理店から仕事のオファーが突然きたりする。我々が住んでいる地球では、こんなことが日夜行われている。

〈前川邸〉梁を同じ単位で繰り返すことで、建物の外部まで永遠につながっているように見せる（撮影：坂下智広）

メーカーや物流とは違い、建築は土地に根差した創造行為であるので、グローバル化の波は比較的ゆっくりかもしれない。でも、私が２０１１年に日本で設計した〈前川邸〉では、シドニーからスカイプを使って現場監理をした。現場にウェブカメラを設置することで24時間現場の生映像がシドニーに届く。施工会社との週１回の定例会議も、お施主さんとの打ち合わせもすべてスカイプでやってこの住宅を竣工させている。シドニーにある現場より身近に感じた感覚は新鮮だった。

出張中に大規模プロジェクトのお施主さんに明日北京で会いたいと言われれば、合理的な飛行ルートを考える。パリでの小規模店舗の設計を、どうすればシドニーから合理的に監理できるかを考える。相手が中国人であろうが、フランス人であろうが、仕事のシステムに変わりはない。こういう感覚があれば、国内経済の振れ幅に左右されることなく建築家としてもっと自由に生きていける。

どこを拠点にしても、この時代に生きているからこそできることを、私は今後もやっていきたいと思っている。

〈注〉
＊１ ラウタッサーリ教会：ヘルシンキ郊外にあるプロテスタント系の教会。
＊２ シーラカンスアンドアソシエイツ：小嶋一浩・赤松佳珠子（ＣＡｔ）、伊藤恭行・宇野享（ＣＡｎ）の４人が主宰する建築設計事務所。
＊３ レンゾ・ピアノ（Renzo Piano, 1937－）イタリアの建築家。代表作に〈ポンピドゥー・センター〉〈関西国際空港旅客ターミナルビル〉などがある。
＊４ エンゲレン・ムーア：１９９６年から２００５年まで、ティナ・エンゲレン（Tina Engelen）とイアン・ムーア（Ian Moore）の２人が主宰していた事務所。

地域の風景の先にある世界

-Olot, Barcelona

小塙芳秀

KOBFUJI architects

15年目のスペイン生活

3月下旬、にわか雨もまだ多いが、バルセロナも春を迎え日差しも強くなってきた。地中海らしさを取り戻し始めている。郷土資料館の現場が進行している北スペイン、バスク地方に位置するスマラガ町でも雪はすっかり溶け、6月の竣工に向けて建設スピードを取り戻してきた。また3月は講師をしているバルセロナの建築教育機関バルセロナ・アーキテクチャー・センターにおいて日本人学生を対象とした春季短期留学コースを開催している。地中海都市バルセロナに興味を持ってもらい、将来この街で長期留学や就職を希望する学生にきっかけを提供できればと始めたプログラムである。忙しくもここ数年で最も充実した月を過ごしている。

1998年の夏にバルセロナに住み始め、2013年現在で15年目になる。ETSAB（カタルーニャ工科大学、バルセロナ建築学校）[*1]のランドスケープ科修士課程に留学し、磯崎新氏のスペインオフィスに6年間お世話になり、オロット町のRCR[*2]の事務所に3年勤め、バルセロナに戻りパートナーの藤井香とKOBFUJI architectsとして独立して4年以上が経った。これまでのスペイン生活では、大きな目標は立てても詳細と確信を欠きながら偶然に頼ってきたかもしれない。しかし10年を過ぎたころであろうか、当初描いていた漠然とした目標が現実化してきていると感じるようになってきた。今まで何十回と帰国という選択肢に悩みながらいまだにこちらで活動をしているのは、常に新しい目標が目の前に現れ、まだ現状に満足することができず、やり残しがあると感じているからである。

バルセロナに至る旅

大学3年生のころ、目的も行き先もはっきりとしないが海外留学に興味を持ち、大学院進学か海外留学か悩む

なかで1年間休学をしてアジアの国々を訪れた。この旅が直接その後の留学に関係したかはわからないが、自分の知らない環境や社会に身を置くことで得られる新鮮な体験は、より海外留学の夢を後押しした。

そして長旅を終え復学するころには漠然とスペイン語圏の文化に興味を持ちだし、語学を習い始めた。日本でも作品を残しているエンリック・ミラーレス[*3]やエリアス・トーレス&ホセ・アントニオ・マルティネス・ラペーヤ[*4]の建築についても少しずつ知ることもでき、また建築だけではなく、ビクトル・エリセの映画やガルシア・ロルカの詩より受けた影響も大きい。

卒業後、本格的に留学を考えヨーロッパへ旅に出た。3カ月をかけてイタリア、フランス、スペインと建築や大学を訪ねてまわった。自分自身のなかでバルセロナ留学の決意を確かめる旅でもあった。バルセロナという街は歴史と現代が重なりあう街だ。ローマ遺跡、ゴシック地区、拡張地区であるセルダの都市計画、モデルニズム、そしてオリンピック計画と、コンパクトな都市にいくつ

もの時代のレイヤーを感じとれる。一度目の訪問で、バルセロナという街を好きになるには十分すぎる要素があった。

偶然と必然の繰り返し

当時エリアス・トーレスが教鞭を執っていたランドスケープ科修士課程に留学し、2、3年間のバルセロナ滞在を予定しており、また修士課程中にインターンとしてバルセロナの建築家の下で多少の実務経験を積むことができれば十分と考えていた。しかし、準備不足もあり希望していたスペイン人建築事務所でのインターンはかなわなかった。そんな時、知り合いを通じて偶然に磯崎新氏のバルセロナオフィス[*5]のお手伝いをさせてもらえることとなった。修士に通いながらインターンとして仕事を始め、計6年間お世話になりスペインにおける実務を覚えることができた。グローバルなものの考え方に触れる機会に恵まれたこの経験は、いつしか個人としても国際的な仕事をしたいと思うようになり、RCR事務所への就職とバルセロナでの独立につながることになったかもしれない。

修士課程における課題のプレゼンテーション

出会い——RCR ARQUITECTES

RCR ARQUITECTESは、ラモン・ビラルタ、カルメン・ピジェム、ラファエル・アランダの3人の建築家によるチームであり、彼らの地元であるオロット町を拠点とする建築事務所だ。

オロット町はバルセロナから北東へ150kmに位置するガロッチャ地方の中心を担う町で約3万人の人口を擁する。またフランス国境まで車で1時間、ピレネー山脈の麓までも1時間以内にあり、自然豊かな火山地帯公園のある土地としてカタルーニャ州ではよく知

バルセロナより車で１時間半、火山に囲まれるオロット周辺の風景

られている。彼ら3人はバルセロナの大学を卒業後、多くの仲間がバルセロナオリンピックを目前としてバルセロナに残るなか、迷わず地元に戻り彼らの事務所をスタートさせた。都市か地方かという選択よりも、調和のある建築を目指すということは、自分たちが生活をする自然環境をよく知ることであり、それが自分たちのアイデアの原点であると信じていたからである。

そんな彼らとの出会いも偶然だったといえる。修士の授業で調査のためにオロット町のブナ林自然公園を訪れ、そこで初めて彼らの作品に出会った。その公園のアクセスゲートおよびインフォメーションセンターで１９９４年に建てられた初期の小さな作品だ。当時ＲＣＲはまだ国際的に広く知られておらず、私もこの建築についてまったく知らなかった。しかし具象的な存在感がありながらも風景の一部として表現されたその作品に興味をもち、さっそく作品と建築家について図書館で調べてＲＣＲの名前を知ったのだった。建築のスケール感、詳細、ランドスケープデザイン、そして地方より発信する建築のあり方を見て、私がスペインに求めていた解答のひとつを見つけたかもしれないと思った。またこの建物との出会いをきっかけとして、修士論文では私の出身地である栃木県益子町とオロット町を重ね合わせ、人口3万人の地方における建築とランドスケープについてRCRの事例を調べて書くこととなり、何度かオロット町を訪れることとなった。まだEメールが普及していなかった当時、質問内容をまとめRCR事務所にファックスを送り、幸運にもラモンにインタビューすることができた。この時初めてRCRと言葉を交わしたことになる。ゆっくりと数時間にもおよぶインタビューのなかで、私のつたないスペイン語に合わせてもらいながら自然環境や日本文化などについて話を伺った。この時は将来RCR事務所で働くことになろうとは微塵も考えていなかったが、結果的にこの貴重な経験が

RCRとの出会いのきっかけとなったブナ林公園のアクセスゲート（1994年）

その後の就職にまでつながることとなった。

RCRへのコンタクト

磯崎氏のアトリエで6年働いたあと、独立のために帰国も考えたが、初志を貫くべくスペイン人建築家の下で修業を決意した。磯崎氏のアトリエで学んだこととは極端に違った建築を知ることが自分に必要と思われた。相当悩んだ結果、30歳を超えてはいたが、先にも書いたように修士論文でお世話になったRCR事務所の門を叩いたわけである。2005年といえばスペイン経済は好調であり、RCR事務所も規模を拡大し始めた時期でもあり実務経験のある人を募集していた。通常、外国人の所員を雇う場合にはインターンから始まるケースが多いが、私の場合はすでに労働ビザを取得してバルセロナに住んでいたことや、顔を覚えてもらっていたということか

ら就職希望を前提として直接面接をしてもらうことができた。どのようなプロジェクトに携われる可能性があるのか、ポートフォリオを見てもらいながら話をした。RCR入社前からすでに、個人としても小さなプロジェクトや庭のデザインなどを始めていたこともあり、ポートフォリオを用いて実務的な経験とコンペのプレゼンをまとめ実践力をアピールした。面接はもちろん緊張したが、スペインに住んで6年経っていたので、はっきりと自分の意志は伝えられたと思う。第1にプロジェクトリーダーとしてプロジェクトを任せていただきたい、3年は働きたい、そして給料は事務所の規定のなかで同キャリアの人と同じにしてほしい。この3点がこちらからの条件だった。そして無事契約に至り安心していたのだが、実際に仕事が始まるとそんなにすんなりと希望どおりにはいかず、しばらくは不安も付いてまわることになる。

仕事始め

さあ、いよいよ心機一転、待ちに待った仕事がスタートした。

現在のRCRの事務所は鋳造工場をリノベーションしたもので2008年より使用しているが、当時は街中のアパートを2層分使った事務所であった。

ここではスペインだからといってラテン的なのんびりした雰囲気はない。8時半から仕事がスタート、遅刻厳禁。5分の遅れも許されない。朝から緊張感が走る。

私は30歳を過ぎてからの入社であったため、若いスタッフで構成される事務所のなかでは上から数番目の年齢であった。プロジェクトリーダーとして力を発揮したいと意気込んでいると、なんと最初に頼まれた仕事は平面図のフォトショップ色塗りとパースであった。このような仕事が約1カ月続き、約束が違うのではと悔しさとやるせなさを感じていたことを今でも鮮明に覚えている。

当時は約半分が外国人であったことに加え、多くのコンペに参加していた時期であり、所員の適材適所を見極めなければならないというのは、今であれば十分に理解できる話である。インターンを含めると、半年や1年で辞めていくスタッフが多いので、のんびりと育てている余裕もない。まして言葉を理解できない外国人にプロジェクトを任すのはリスクも高い。もっと自分をいかしてもらいたいという気持ちを胸に抑えつつ、焦らず一つひとつできることを認めてもらうしかなかった。1カ月という期間がとても長く感じた。自分が対応できない時ほど不満が募りプライドが邪魔をして空回りする。

RCR事務所内のコミュニケーションはスペイン語であるが、地元スタッフ同士で話す言葉はカタラン語である。もちろんRCRの3人も普段はカタラン語を話す。当時の私はほとんどカタラン語を理解していなかった。言葉のハンディはもちろんダイレクトに仕事上の不利になる。それまでスペインで仕事をしてきたとはいえ、磯崎アトリエで働いていた時の打ち合わせの半分は日本語であった。アウェーにいながらも日本人事務所にいるという甘えにも慣れていたことに気づいた。いかに現状を受け入れ、新しい状況や求められていることを理解して進んでいくかが重要である。海外の事務所で信用を勝ち

旧市街にあった以前の事務所（提供：RCR arquitectes）

取るには思いのほか時間がかかるものだ。

あとになって考えると一番初めに描いたパースの仕事は空間スタディの一部だったということに気づき、今の自分に非常にいかされている。スペインのコンペでは建築家以外に政治家も審査員に含まれることが多いので、パースでの表現は直観的でわかりやすい。しかしそれ以上に空間やマテリアルを確認するツールとしてパースを扱っている。先輩チームが設計をやって若いチームがパースをやるというプロセスが常識であると勝手に思い込んでいた自分がいたから不満に感じていたのだ。

仕事のしかた

私が初めてインタビューに訪れた時はRCRの3人と所員を合わせても10人以下であったと思う。しかもバルセロナから来ていたスタッフを除くとすべて地元出身者であった。勤め始めたころはすでに約20人のスタッフがおり、その後最高40人まで増員し、現在ではまた20人前後の体制に戻したと聞いている。

特別な日を除いて彼らの1日は3人の打ち合わせから始まる。すべてのプロジェクトの状況を3人が把握するためである。時に白熱した議論はディテールの話にまでおよび、激しいディスカッションの声が彼らの部屋から聞こえてくることもしばしばあった。その後プロジェクトによって担当が分かれるのだが、基本設計と実施設計で担当が変わる場合もある。情報と感覚を共有しているからできることである。

新しい事務所においてRCRの3人へインタビュー

最初の担当プロジェクト〈ロータス・ブラウ〉

仕事が始まり1カ月以上フォトショップの作業をしたあとに、やっと面接時に話をしていたプロジェクトを任せてもらえることになり、設計業務が本格的に始まった。できるだけ小さな物件に携わりディテールまで学びながら、アイデア段階から竣工まで関わりたいということは面接の時に伝えてあった。このプロジェクトはバルセロナとオロットの中間に位置するサンタ・コロマ・デ・ファルネルス町に計画された屋外パーティー会場であり、一種のパビリオンであった。このプロジェクトに関して一番うれしかったことは、テクニカルな図面を除いてほぼ1人でやらせてもらったことだ。基本設計ではラモンとコンセプトと形態について指示をもらい、実施設計と現場ではラファエルの下で密に議論ができた。

磯崎アトリエにいた時に、流動的な大屋根を持つスペインのプロジェクトに参加したことがあった。佐々木睦朗さんが構造計画を行い、デジタル解析を繰り返しながら空間の必要性に応じて合理的な曲面を計算し、形態ができあがっていった。一方、RCRでの設計はこれに反して非常にアナログな手法で進んで行った。まずは納得いく形ができるまでひたすら模型をつくりスタディーを行った。紙の模型であったから日によって湿気で誤差が生まれるのだが、1／50の模型において1㎜単位で形を調整していきながら3Dにおこして構造計算にまわす。そして構造計算に指摘された箇所をまた模型で修正し形を確認し、さらに構造計算を幾度も繰り返した。終わりのない作業に不安を覚えながらもひたすら了解をもらうまで形を追い続けた。

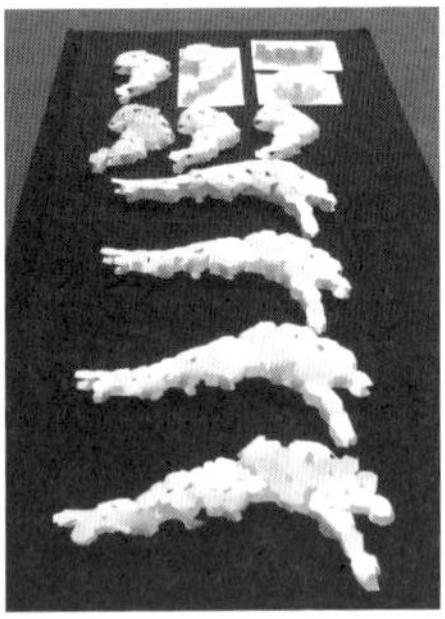

〈ロータス・ブラウ〉数えきれないほどスタディー模型をつくり(右)、無事竣工まで関わった(2007年)(左)

2年目、その他のプロジェクト

〈ロータス・ブラウ〉の現場も始まったころ、ちょうど1年が経ち再契約の時期が訪れた。契約の交渉というのは労働条件について確認をする重要な場であり、また参加プロジェクトについてあらためて自分の意見を言えるチャンスでもある。

事務所からは〈ロータス・ブラウ〉の現場の他に、大きな物件にも参加することという条件が出された。もちろん仕事の内容には異論はない。しかし経済面においては入社時の面接で希望した内容とは隔たりも大きく、生活に十分な額ではなかったため、文化庁の新進芸術家海外研修制度の奨学金に応募したい旨を伝えた。幸運にもこの奨学金を得ることができたので、2年目は生活の心配をせずプロジェクトに没頭できるようになった。

2年目、3年目にはバルセロナのプラサ・ヨーロッパのオフィスビル、製薬会社のラボラトリー、部分的ではあるがバルセロナの〈サン・アントニ図書館〉などのプロジェクトに参加し、小さなプロジェクトもいくつか担当した。しかしスペインの現場は日本と比べて異常に遅く、残念ながらこれらのプロジェクトにおいては竣工まで携わることはできなかった。

現在バルセロナの〈サン・アントニ図書館〉の近くに

ファサードを担当したバルセロナの〈サン・アントニ図書館〉(2007年)

住んでいる。訪れるたびにいまだにディテールなどが気にもなるが、自分の参加した建物を普段より利用することができ、とても貴重な体験になっている。

田舎生活

オロット生活は一言で言えば田舎暮らしである。また同時に合宿状態でもある。オロットは小さな町なのでスタジオタイプのアパートがなく、基本的に所員同士でアパートを借りてシェアすることとなる。１人１００ユーロ程度で部屋を借りることができたのも魅力のひとつであったが、仕事と生活とで常に同僚と一緒というのはそれなりにストレスが溜まるものではある。しかし、今でも元同僚と連絡を取りあうことができる関係を築けたことは計りしれない財産にもなった。

週末はコンペの提出前などを除いて基本的に休みであった。同僚と自転車でサイクリングに出かけたり、周辺の自然を見てまわったりと、できるだけＲＣＲの見てきた風景を訪れてみようと思った。オロット町には電車は

走っていないしバスの本数も少なく、郊外への移動には車がないと不便なところだ。そこで、20年もののセアットイビサという車を格安で買って周辺の村々を訪れたりもした。車で15分も行けばトレッキングコースのある山にも行けたし、川に泳ぎに行くこともできた。楽しみながらも自然環境について再認識する時間を過ごすことができ、自身の地元における建築のあり方についても、あらためて考えることができた期間であった。

また、始業時間は早いけれどほとんどの場合20時には家に戻ることができた。ＲＣＲ事務所を退職する時には独立を考えていたこともあり、週末の休みと夜を利用して、現在のパートナーである藤井香とスペイン人の友人とチームを組んで、スペイン国内のコンペにできるだけ参加するようにもしていた。

風景について

元々オロットのような地域では、建築よりもそれを取り巻く自然環境のほうが圧倒的に大きく、建築物は負け

るべき存在であるという認識がある。建築の存在は周りの環境を引き立たせるものといってもいい。

グローバルとローカルとの関係性には明らかに変化が訪れている。都市が建築の中心であるという考え方はバルセロナとオロットの関係性を見ても崩れている。当然バルセロナには大規模な構造物が建設されるが、オロットにおいては点在するRCRのいくつものプロジェクトを通して都市部とは別の建築的価値観を見てとれる。近年その価値観が、逆にバルセロナに影響をおよぼしている。ここではローカルからグローバルというベクトルも存在している。

近年の日本においては、地域復興のアイテムとして、まちおこし的に小さな建築をつくる例も多い。現に私もそのようなプロジェクトに参加してきた。

RCRの仕事に携わり、またオロット生活を経て、そのような地方におけるプロジェクトを行う場合、地域の中だけで完結してしまうような閉鎖的建築にならないように、求められている社会の一部として機能して、なおかつ風景として認めてもらえるようなものをデザインしたいという気持ちが強くなった。文頭で書いたスマラガの郷土資料館のコンペの時にはそのような思いを設計に反映させた。

(次頁)RCR事務所の仲間と休日のサイクリングを楽しむ筆者。オロットにて

バルセロナで独立

2008年、RCR事務所で働き3年が過ぎた。参加していたプロジェクトも一区切りしたこともあり当初の予定どおり退社の希望を伝えた。退社をしてから約半年間はまだオロット町に住んでいた。スペインでの独立を考え始めてはいたがまだ思い切りがつかぬなか、さらにコンペを続けていた。そしてバルセロナに戻る日が近づいてきたため、2年間4人で挑んできたチームで最後のコンペを行うこととなった。それがバスク地方、人口1万人の小さな町、スマラガ町の郷土資料館であり、ついに実施コンペで最優秀賞を取ることができた。このコンペの勝利、そしてRCR事務所で働いた期間を含めてパーマネントビザも取得したこともあり、帰国をさらに延

ばしてバルセロナで独立を考え、藤井香とKOBFUJI architectsを立ち上げた。失敗してもいいからもう一歩スペインの建築や社会に入り込み、個人としてなにができるのか、組織というものから離れて自分の作品がどのように評価されるのか試してみたくなった。

〈スマラガ郷土資料館〉の基本構想までコンペ結果より1カ月半、基本設計まで半年というスケジュールで忙しくも充実した日々を過ごしていた。また2009年には地元である栃木県益子町において、同じく地元出身で同世代の彫刻家たちと、古い益子焼の民芸店をリノベーションして、インフォメーションセンターを含む多目的スペースを設計する機会を得た。スペインと日本、両方の地方において同じ時期に公共建築のデザインに携われることとなり、RCRで吸収したことをさっそく試す場を与えられたことは幸運であったと思う。

〈スマラガ郷土資料館〉パース。周囲の自然や教会に対して控えめな存在感をめざした

二つのプロジェクトが動き出し順調な滑り出しのようにも思えたが、バルセロナでの仕事はなかなか受けることができなかった。独立後は当たり前だが自身のコネクションを利用してプロジェクトを取っていかなければならない。といっても所詮ここでは私は無名の外国人だ。そう簡単に仕事を頼まれるわけはない。独立1年目、話があればとにかくアイデアを出したがほとんどは実現しなかった。2年目に入ると、ようやく友人の紹介によりアパートのリノベーションや店舗の内装など、数は少ないがいくつか物件もスタートした。後ろ盾をなくしての挑戦は、本当に少しずつしか状況は前に進まず、スペイン生活が10年目に達してもさらに我慢の日々であった。

現在、独立をして4年が経ったがいまだ不安のほうが多い。それでもバルセロナと日本においていくつかの小さなプロジェクトが完成し、〈スマラガ郷土資料館〉の竣工も近づいてきている。この現場が終わることで自分にとってひとつの大きな区切りとなり、次のステップに進むことができればと願っている。

バルセロナの近況、これからまた1年

２０１２年、２０１３年とバルセロナでは経済危機に伴い毎日暗いニュースが続いている。バルセロナが位置するカタルーニャ地方では負債が総生産の25%に達し、スペイン全土では失業率が25%を超えている状況なのだ。建築業界に限っては50%以上の失業者がいるともいわれている。建設バブルから経済危機に陥ったスペインにおける新しい建築のあり方が問われている時期であり、現に私も頻繁に同世代のバルセロナの建築家たちとの話し合いに参加する機会が増えている。

地域から世界という異なったスケールにおいて、建築の社会性について自問し活動をしている私にとっても、また新しいテーマと向かいあうこととなった。

２００５年より建築設計活動と並行して、建築文化交流を目的としてヨーロッパや南米で多くの日本の建築家に協力を得て展覧会を開催してきた。日本の現代建築を紹介しながらも、各都市における社会問題と結びつけることで、社会における建築の役割について論じてきた。

２０１１年の東日本大震災後、バルセロナからなにかしら被災地の役に立つことはできないかという思いから、震災後の日本の建築家の活動をバルセロナ、サンパウロ、ブエノスアイレスなどで紹介をしてきた。また現在、２０１４年に向けては東北地方とカタルーニャを結びつけ、新しい建築・デザイン交流および経済交流が生まれるプロジェクトを準備している最中である。東北地方とカタルーニャ、直面する困難の種類と規模はまったく違うが、社会的なテーマをお互いに結びつけることで、新しいクリエーションとイノベーションが生まれればと考えている。そして地域性とグローバルをつなげたい。また新しい目標に向かって、もうしばらくバルセロナを拠点に活動をしていくとする。

〈注〉

＊1 ETSAB（カタルーニャ工科大学、バルセロナ建築学校）：スペインのバルセロナにあるカタルーニャ州最大の工科大学の建築学部。

＊2 RCR ARQUITECTES：ラファエル・アランダ、カルメン・ピジェム、ラモン・ヴィラルタの3人が、共同で設立した設計事務所。代表作は、〈Les Cols〉〈Bell-Lloc winery〉など。

＊3 エンリック・ミラーレス（Enric Miralles, 1955－2000）：80年代後半より活躍したバルセロナの建築家。30代半ばにしてバルセロナオリンピックの施設も担当。90年代より多くの国際コンペに勝利するも２０００年に45歳という若さで逝去。代表作にイグアラーダの墓地公園、また死後に完成したサンタカテリーナ市場などがある。富山県の宇奈月や高岡にも作品を残している。

＊4 エリアス・トーレス（Elías Torres, 1944－）＆ホセ・アントニオ・マルティネス・ラペーニャ（José Antonio Martínez Lapeña, 1941－）：80年代より活躍するバルセロナの建築家ユニット。建築の他にも、トレドのエスカレーター兼展望台といったランドスケープデザインや、グエル公園などの重要建築物の修復や改築なども行う。エリアスの出身地がイビサ島ということもあり、バレアレス諸島にも作品が多い。日本では熊本と富山に作品がある。

＊5 アラタ イソザキ＆アソシエーツ スペイン：私の在籍時（１９９９～２００５年）においては、バルセロナの美術館ラ・カイシャ・フォーラムのエントランス（２００２年竣工）、ビルバオの集合住宅イソザキ・アテア（２００７年竣工）、バルセロナのオフィスビルD38（２０１１年竣工）、ブラーネスの複合施設ラ・イーリャのプロジェクトなどが進行していた。

与えられた環境がすべてではない、自分で変えられる

-Maastricht

梅原悟

UME architects

海外との出会い

昨日2013年4月30日、オランダでは新国王の即位式が行われていた。オランダ王室の国民的人気は相変わらずで、自分もライブで見たかったが残念ながら叶わず。昨日は1日、イタリアからの友人グループに京都を案内してまわっていたのだ。今日は朝から京都で仕事をしたあと、非常勤講師をしている大阪の大学へ。昼から夕方遅くまでの講評は長丁場で終わるとヘトヘトだが、そのまま、夜行バスで東京へ向かった。どこでも寝られる性質《たち》ではないが、これまでの過酷な海外旅行で鍛えられているせいか、まだまだ体力的に夜行でも大丈夫だ。

世界中にプロジェクトを抱える建築家のオフィスで働き、ドイツ、ベルギーに隣接するオランダの小さな街マーストリヒトで暮らした12年間、時にその忙しさや退屈

さとは違う風景や居場所を求めて、距離に関係なくよく出掛けた。そういった気分転換は不可欠で、帰国した今でも自分自身をリセットさせ、解放してくれる。

初めての海外旅行は大学1年生の時、香港の九龍城砦がどうしても見たくて1人訪れた。それ以来、学生時代はヨーロッパとアジアを頻繁に旅してまわった。お金や時間を節約しながら建築だけでなく、その街や文化、食べ物など、現地の人や暮らしに触れるよう心懸けた。一人旅では自分から話しかけたり行動しなければなにも得られない。当たり前だが、そんなことを痛感した。この経験がその後の海外での仕事や生活、そして今ある自分へと変わるきっかけになったのは間違いない。

住みたかった街コペンハーゲンへ留学

大学院修了時（1996年）、日本はバブル経済後の超就職難。それならば「ヨーロッパに住みたい」と思い、学生ビザによる滞在が比較的簡単だというプラクティカルな理由から留学を、そして一番住みたかった街コペンハーゲンを選び、デンマーク王立芸術アカデミーへ行くことにした。インターネットなどない時代、周りに詳しい人もおらず、入学願書の取り寄せから、希望する教授へのアプローチまで、今ではフォーマット化されたこれらの作業も手さぐりで試みるほかなかった。交換留学や奨学金を利用すれば背負う必要のない苦労だったのかもしれないが、なんでも自分でやってみたい性格なのでしかたがない。

アカデミーのカリキュラムは、手取り足取りの日本の大学とは違って、自分で欲しいもの、学びたいものを見つけなければならない。教授たちも答えを教えるというよりはむしろ学生と一緒に考え、提案がいい方向に進むよ

デンマーク王立芸術アカデミーの製図室

うアドバイスをしてくれる存在であった。最初はその違いに慣れず、英語も不十分で苦労したが、周りの学生が親身になって手伝ってくれた。学生は人生経験を積んだ人が多く年齢層も経歴もさまざまで音楽家やモデル、主婦、兵士などユニークで、フライデーズ・バー（毎週金曜の夕方に製図室で行われる学生主催のオープンなバー）では建築に限らずいろいろな会話を楽しんだ。日本について聞かれる度に、いかに自分の国のことを知らずにいたのかと気づき残念で恥ずかしい思いをしたものだ。

アカデミーを終了する時、「ヨーロッパで働きたい」と言う自分に、自らも海外の数都市で生活したことのある師テレーザ・エルンゴード[*1]は英語による生活が可能で経済的にも安定していたオランダを強く勧めた。当時のオランダは世界中が注目する建築大国であったが、正直自分自身はいわゆる流行りのオランダ建築はそれほど好きではなかったし、実は今でもそれは変わらない。ただ、好きなタイプの建築をつくっているオフィスで働くことよりも、むしろそのオフィスで自分はなにができ、なにを手に入れることができるか、そのほうが重要であった。

設計事務所への連絡手段はまず履歴書（CV：Curriculum Vitae）をＦＡＸし、電話で確認しアポを取ってインタビュー、といった具合である。時には、ポートフォリオをアポなしで持参することもあったが、今考えればかなりの礼儀知らずであった。インタビューでは、相手に選んでもらうだけでなく、こちらもオフィスを選んでいる、というスタンスをとった。そうして検討した結果、実際にアポを取ったのはアムステルダム、ロッテルダム、マーストリヒトにある3つのオフィスで、街・オフィス・建築家・作品スタイルを自分自身の目で見て、話して、感じて、最終的に選択したのがヴィール・アレッツ[*2]のオフィスであった。その時はまさか12年間も勤務することになるとは知る由もなかったが。

ヴィール・アレッツ・アーキテクツでのスタート

マーストリヒトに着くと荷物を抱えたまま、まずオフィスへ向かった。その日はコンペ提出の翌日でオフィスは静かであった。また、当日はスタッフの1人が誕生日だったため、みんなでケーキを食べたりして（通常オランダでは自分が祝ってもらうために自分で用意する）、とても雰囲気のいいオフィスだと、安堵したのだった。

現在、マーストリヒトのほか、アムステルダム、チューリッヒ、ベルリンの3カ所にオフィスを構え、合計60人以上のスタッフが働くヴィール・アレッツ・アーキテクツも、1998年当時はマーストリヒトのみでスタッフは学生バイトを入れても20人に満たないほど小さかった。スタッフは、ヴィールのほかに、緩く役割の分けられたデザイナーやテクニカルの建築家スタッフ、ほかに秘書、マネージャー、インターン（半年から一年間、有給）で構成されていた。日本人はおろか就労ビザを必要とした人を雇った経験もなかったが、幸運にもヴィールが大の日本好きで、顔の広い彼自身が手配を行ってくれたおかげで労働許可と滞在許可を比較的容易に手に入れることができた。

ヴィール・アレッツ・アーキテクツのオフィス兼自宅（上）。マーストリヒトの中心街から少し離れたところにある。下が内観。手前が筆者のデスク

ヴィール・アレッツ・アーキテクツでのオフィス・ディナー。年に一度、スタッフの交流のためにヴィールが企画する。この年は、彼の自宅（オフィスの隣）に招待された。ビデオカメラをまわしているのがヴィール

多様なプロジェクツ

すぐに担当したのは、偶然にもちょうど始まった東京のプロジェクト（ブティックのリノベーション）で、ヴィール自身にとっても初の日本のプロジェクトであった。できれば日本以外のプロジェクトを担当したかったのだが、プロジェクト・リーダーと2人での担当は、アレッツに近い立場で接することができたため、早くオフィスに馴染むことができた。残念ながら、半年ほどしてそのプロジェクトは既存ビル自体の耐震性などが理由でキャンセルとなってしまった。

その後、フローニンゲンのスタジアムや都市計画、ガーナのカテドラルなどのプロジェ

クトを経て、自身リーダーとして初めてのプロジェクト、〈A' Tower I〉を担当する。勤務し始めてちょうど1年経った1999年、27歳の時だった。それはアムステルダム東南エリアのアリーナ（アムステルダムのサッカークラブ、アヤックスのメインスタジアム）に隣接する敷地に、高さ150mという当時のオランダで最も高いアパートメントタワーを建設するという大プロジェクトだった。設計手法や法律、要求される建築性能をはじめ構造や一般工法まで日本とは異なる。なによりもそんな重要なプロジェクトをオランダ語のできない20代の自分が担当すること自体、今考えれば不思議だが、その時はその責任の重大さに気づいてすらいなかった。それが可能だったのは、ヴィールやスタッフのみならず、クライアントやエンジニアがそんな自分に丁寧に協力してくれたからに違いないのだが。そのプロジェクトも1年半ほどして残念ながら途中でキャンセルとなる。驚くべきことに3年後、より大きなデベロッパーを新しいクライアントとして再開（〈A' Tower II〉）したため、チームも大きくして今度こそはと実現を目指したが、さらにその4年後、着工直前に不運にも経済的な理由で再びキャンセルとなった。

27歳の時以来プロジェクト・リーダーとして関わった〈A' Tower II〉(©Wiel Arets Architects)

このように、オフィスでは都市計画からプロダクトデザインまで大小さまざまなデザインをオランダ中心に世界中で行っているが、実現されるのはそのうち1割程度である。途中で止まることも多く、時に動き出したり、時にそのままキャンセルになったり、〈A' Tower〉のように何年かあとに再開することも珍しくない。キャンセルになってもそれまでの設計料は発生するが、実現させるために作業している側からいえば、辛い事実である。時間を掛け力を入れていたプロジェクトであるほど、ショックも大きかった。見方を変えれば、日本よりも建築家が一般社会に近く、依頼しやすい存在だからともいえるかも知れない。とはいえ、「次はもっといいプロジェクトになる」と、いつも頭を次へ切り換えるようにしていた。そのスタンスのおかげで設計に限らず、コンペ、展示、ワークショップ、出版、PRなどいろいろなプロジェクトに関わらせてもらった。建築の仕事は設計だけではないことを体験し、理解できた。

ヴィール・アレッツと自分

ヴィールは建築家でありながらも、オフィスの経営者でもあり、大学で教鞭を執り、家では良き夫・父として家族に接している。空日々各国を移動しているにもかかわらず、なかなかいた時間にはスポーツに励むなど、なかなか真似できないタフさをもつ。たまにサッカーやスカッシュを一緒にするとかなりの腕前で、しかも無邪気で負けず嫌い。

オフィスでの〈A' Tower II〉の打ち合わせ風景。アーキテクトの他に、クライアント、プロジェクト・マネージャー、コンサルタント、エンジニアが集まっている。窓側最奥がヴィール、窓側手前が筆者

そして間違いなく彼がオフィスのなかでダントツで仕事をしている。夜の残業や週末出勤をしていた自分も、同僚から働き過ぎだとよく言われていたが、彼の仕事ぶりには負ける。ある現場視察の帰りの飛行機で、ビジネスクラスのヴィールからエコノミークラスの自分へと、ひっきりなしにスケッチやメモが届き、面食らったこともあるほどだ。

打ち合わせでは、設計のプロセスで問題が生じた時、できるだけ効果的に解決しようとする自分に対し、ヴィールはどんなに切羽詰っていてもそういった問題すら発生させないような提案やその問題自体を問いなおす強い姿勢を持っている。プレゼンや打ち合わせにおける説明のしかたや話し方ひとつをとってみても、クライアントを説得し、安心させ、

信頼を得るための雰囲気を持ち合わせている。到底真似できない才能である。とりわけプレゼンにおける「わかりやすさ」を重視しており、我々スタッフにもそれを求めた。最初はそれをあまり理解できず、「なぜ良いデザインなのに認められないのか」と反論もしたが、経験を積むにつれ、徐々にその真意（クライアントへの配慮など）を理解し、プロジェクトを別の視点からも考察できるようになった。

そんなヴィールに初めて褒められたのは、ある住宅模型をつくった時であった。働き始めて間もないころ、ヴィールはクライアントとの打ち合わせ用にと急遽スペインに設計する住宅の計画案を次の日までに用意するよう厳しく指示したことがあった。次の日いくつかの案をリーダーが見せるとヴィールはクライアントの目の前で自分がつくった模型を選び取り、何度も「モーイ（mooi）」（オランダ語で美しいという意味）と繰り返しながら触っているのを見て、とてもうれしかった。

ヴィールはクライアントにスタッフを紹介する際でも、「担当スタッフのサトル」ではなく、「何々プロジェクトで一緒に働いているサトル」と説明することがある。そうするとクライアントの対応が変わるだけでなく、自分自身のモチベーションも上がる。また不況のためオランダ語ができない外国人スタッフが自分だけになった時も、ヴィールはオフィス内のみならず、プライベートまでいろいろと誘い出してくれた。もちろん仕事では何度も怒られた。なかでも週末出勤してなんでも1人でやろうとしている自分に対して、「もっと他人《ひと》を信じて使え」とアドバイスされたことが忘れられない。それ以降、ほかのスタッフへ成果を求めるだけでなく、背景やプロセスを説明することで、なんのためにその成果が求められているのかを考えてもらうように心懸けた。

スペアータイムの過ごし方

EUの条約名でも知られる旧都マーストリヒトはオランダ最南部に位置し、ドイツとベルギーに隣接している。そのため、家賃の安い隣国から通勤するスタッフがいた

マーストリヒトの街（上）と住んでいたアパート（下）。
右から３番目の建物の１階が筆者の住んでいた部屋

り、晴れた日にサイクリングでベルギーへ行ってビールを楽しんだり、ドイツへ模型材料を買いに行くことも日常的であった。自転車大国のオランダでは当然、平日のオフィスへの往復も自転車である。たとえ多忙な極寒の時期でも、日々変化する風景を眺めながらの出勤はいつも新鮮で気持ちよかった。勤務後はよくスタッフと飲みに行ったり、映画を観に行ったりしたが、もっぱら外国人スタッフと出掛けた。オランダ人スタッフは家（＝家族）へ帰るためである。彼らは家族と過ごす時間をとても大事にしている。

　週末は、友人宅に招待されたり、時には少し長めの週末旅行でいろいろな国へ建築を見に行ったり、各地の友達のところへ遊びに行った。日曜日は法律上、飲食店以外の店は営業を禁止されているので街中はいっそう静かである。街を歩けば友人に会ったり、歩き疲れてカフェで休憩したり、季候が良ければ目的のない散歩に出たり、のんびりとした時間が心地よく流れ、一見退屈にも思えるこのゆったり感が非常に好きだった。ただ残念ながら料理はそれほど美味しいものではなく、ケチで有名なオランダ人は外食もほとんどしない。ランチは、天気の良い金曜日に外へ出かける以外、パンやハム、チーズを買ってきてオフィスで簡単なものをつくって食べていた。

　また建築だけではなく舞台やコンサートといった文化全般が身近に存在している。デンマークでクラシックバレエを知って以来、舞踏には興味を持っていたが、オランダに来てからは特にコンテンポラリーダンスを堪能した。有名なカンパニーによるパフォーマンスに親しみ、ダンサーや振付家とも仲良くなると、建築とは異なる別のフィールドへと自分の見ている世界が広がっていった。

　ヨーロッパにこれほど長くいることができた最大の理由は、おそらく建築だけではないこういった環境をとても気に入っていたからだと思う。

コミュニケーションの意味と違い

　オランダで苦労した点といえば、やはりコミュニケーションが思い浮かぶ。

オフィス内は主にオランダ語と英語が飛び交うが、オランダ人はほぼ全員が英語を話せるので英語のみでも不自由はない。そのせいでオランダ語が全く上達しなかった。まあ、ただの言い訳である。

そして言語の問題以上に、オランダ人はコミュニケーションに長けていて、しかも議論好きである。打ち合わせでは各自が活発に意見を述べ合うが、日本ではこういった議論が、デザインやアイデアに対するクリティークではなく、個人に対する攻撃のように受け取られることもある。その点、オランダ人の議論好きはそれが各自にDNAとして組み込まれているかのように思えたほどだ。実際、サラリーは常に交渉で決まる。黙っていると満足していると思われて一向に昇給しない。自分もまったく交渉しなかったため、長いあいだほとんど変わらなかった。とはいえ、あまり得意ではないながらもできるだけ積極的にアピールすることを心懸けた。

一方で、その自己主張の強さや合理性の追求は、時に頑固で負けず嫌いといった弊害になるが、腹を立ててもどうにもならずストレスだけが残るので諦めて慣れるしかなかった。とはいえ、オフィス内の上下関係は緩やかで、そんな健全でフレンドリー、ポジティブな思考を持った国民性に好感を持っている。

低予算ながらも思い通りの純粋な建築空間ができた〈H' House〉（マーストリヒト）

オランダ最後の竣工プロジェクト

〈H' House〉は〈A' Tower〉と並び自分自身にとって特に重要なプロジェクトである。マーストリヒト市内の緑多い住宅エリアに計画されたカップルのための専用住居で、〈A' Tower〉とは真逆で規模も小さく予算も厳しいプロジェクトだったため、ほぼ1人でデザインした。新鮮な感覚だった。

クライアントは振付家と俳優で共にガーデナーでもあり、敷地の裏には一般公開している庭を管理している。彼らとの正直で密な話し合いは信頼関係を築き、結果デザインにも率直に反映されていった。このデザインプロセスやクライアントとの関係性には、これまでの大プロジェクトでは感じたことのなかった居心地のよさを覚えた。彼らに招待され食事をしながら帰国を伝えた時、「なぜここ〈H' House〉で友人皆を呼んでお別れ会をしないのか?」と言われ、実現はしなかったものの、とてもうれしかった。彼らとは今でも仲良くさせてもらっている。

ちなみに、オランダでは建築の法・条例とは別に「美観委員会」という組織が行政に設置されている。メンバーは建築家、都市計画家、ランドスケープ・アーキテクト、建築史家など、専門家によって構成され、数年ごと

紆余曲折しながらようやく竣工間近の〈A' House〉(東京)(右)。左はビヤルケ・インゲルスと

に入れ替わる。そこでは申請された建物が適切であるかどうか、法を超えて議論される。つまり、法に従っていても建てられなかったり、逆に法では建てられなくても確固たる理由をもって申請すれば、建築可能となることもある。議論の国オランダ、ここでもまさに交渉次第なのだ。法に則っていればなにを建ててもいい日本とは根本的に異なる考えである。マーストリヒトの委員会は特に保守的・消極的なので、この〈H' House〉の審査ではかなり緊張したが、古い街中ではなかったためか終始和やかにすすみ、全面ガラスファサードのコンテンポラリーなデザインを高く評価してもらい、特別認可を逆に後押ししてくれた。都市が長年にわたり形成されてきた背景や、一般の人の建築や都市に対する関心の強さに、日本との大きな違いを感じた貴重な経験だ。

ようやく帰国へ

思いがけずオランダに長居をしてしまったが、帰国はその５、６年前から真剣に考え、ヴィールにも何度か相談していたがその度に却下された。一方では、住み始めてみると日本では決してできない規模や内容のプロジェクトを担当する充実感やヨーロッパに暮らすことの魅力が帰国への大きな妨げになっていた。事実、帰国以外にも転職やヨーロッパで友人と独立などほかの選択肢もあったが、オフィス内でやり残したことはなかったし、一から始めるなら日本で独立だと感じていた。

そこで、小さいプロジェクトでも自分で設計から現場管理まですべての工程を見ることができれば、その時には帰国しようと決心し、幸運にも前述の〈H’ House〉を竣工させることができた。２０１０年、東京のプロジェクト〈A’ House〉の担当を続けるという条件で、ヴィールには、「辞めるのではなく勤務地がオランダから日本になるだけだ」と釘をさされて帰国を許された。実際、その後も東京の現場を見に来た彼は、「〈A’ Tower III〉が決まったらオランダに呼び戻す」と言ってくれた。なかなか憎めないボスである。

大学のころからずっと、決められたレールの上は歩いてこなかったし、あらかじめレールを敷くこともしなかった。その時にやりたいことをどうすればできるのかを考えて場所を見つけ、建築を続けてきた。帰国後のことは帰国してから考えればいい。今でも同じ思いである。

日本から海外を

さいわいなことに帰国後もいろいろなかたちで海外とのネットワークが活きている。海外の大学との国際ワークショップをコーディネートしたり、国際建築設計コンペを海外の建築家と協同したり。２０１２年にデンマーク人建築家ビヤルケ・インゲルス[*3]がGAギャラリーでの出版・展示イベントで来日した際は、彼の京都でのレクチャーと彼が連れてきた総勢１００名ものスタッフの京都案内を、有志の学生とともにコーディネートした。大変ではあったが、レクチャーも大盛況、アテンドも好評

ヴィール・アレッツと、雑誌の取材後の談話を楽しむひと時（撮影：田辺わかな）

に終わった。ビヤルケとは久しぶりの再会で、実は同じ時期にコペンハーゲンのアカデミーに在籍していたこと、共通の友人や元同僚が彼のオフィスで働いていたことがわかり、世間の狭さに驚いた。こういった活動は、在欧中に知り合った人々とのつながりがあったからこそできることで、これからも日本の一拠点となってネットワークを広げていきたい。ヨーロッパに暮らした約14年間、ネットワークやコミュニケーションだけでなく、考え方やライフスタイルも身にしみている。なかでもものの見方や視点の持ち方は、海外へ出ていなければ決して得られなかったはずだ。

一方でオランダの議論体質に慣れすぎると、日本では自己主張が強すぎると煙たがられることも多い。日本の奥ゆかしい非直接的なコミュニケーションにいささかジレンマを感じることもあり、バランスが大事なのだとわかってはいても、実際は難しい。だが、周りに心配や迷惑を掛けることもあるので気をつけている。

そんなことを考えつつ、今、東京と京都を往復しながら建築に携わっている。帰国後、生まれ育ち、建築を学んだ京都で仕事を始めたが、ようやくプロジェクトのある東京にも拠点ができた。2都市を区別しているわけではないが、ひとつの場所にとどまらず異なる環境で建築を考えていたい。そういえば、ヴィールもいくつか拠点をもって移動していた。自宅と本社のあるマーストリヒトを中心に、大学のあるロンドン、ロッテルダム、ベルリン、支社のあるアムステルダム、チューリッヒ。移動する車の中で、多忙なヴィールと2人で交わした屈託のない会話が一番楽しい思い出かもしれない。

　現在、設計の仕事のほかに、非常勤講師、出版物の翻訳、ジュエリーデザインなど帰国して日が浅いながらもオランダでの経験が少しずつ活き始めている。住宅の設計は、クライアントとの敷地探しから始まるケースが続いている。あらかじめ与えられた環境ではなく、建築をつくる環境自体を選択できるという点でも、建築家としてイメージが掻き立てられる。時間や労力は掛かるが設計を始める前からお互いを知る良いコミュニケーションの機会だ。〈H' House〉で経験したように、一緒にプロジェクトをつくっていきたいと考えている自分には合っている気がする。クライアントと見つけ出した環境に、これからなにができてくるのか、楽しみである。

〈naru house〉マンションのリノベーション。空間の繋がりを強く意識した（京都）（撮影：市川靖史）

〈注〉

＊1　テレーザ・エルンゴード（Teresa Erngaard, 1962－）：デンマークの建築家。1995年、現代建築家展トリエンナーレ奈良IIに出展。現在、Diener & Diener（ディーナー・アンド・ディーナー）ベルリンオフィスマネージャー。

＊2　ヴィール・アレッツ（Wiel Arets, 1955－）：オランダの建築家。1983年、ヴィール・アレッツ・アーキテクツを設立。代表作に〈マーストリヒト美術建築アカデミー〉〈AZL年金基金本社ビル〉〈ユトレヒト大学図書館〉などがある。

＊3　ビヤルケ・インゲルス（Bjarke Ingels, 1974－）：デンマークの建築家。2005年にBIG／ビャルケ・インゲルス・グループを設立。代表作に〈VM集合住宅〉〈2010年上海EXPOデンマーク館〉などがある。

足もとを見て、振りかえってみると

–Paris

吉田信夫

Ateliers Jean Nouvel

03. Avril. 2013

パリで一番好きな場所はと聞かれたら、ひところこのアトリエの階段と答えていた。現在、午前5時。今年に入り、海南島、青島、そしてこのフィラデルフィア、はやくも三つの違った計画案に携わった。その提出のたびにこの階段を上り下りする。現在は1人でローザンヌのある住宅の仕事をしているのだが、やはりチームでなにかをつくりあげる仕事はとても楽しいし、新しいものを生み出すことを求められるのは、よいプレッシャーにもなる。今回もしっかりと答えを出すことができただろうか。そんなことを考えながら1人充足感に浸り、疲れた体で階段を上り下りするのは至福の時である。だがたまに思う、僕はなぜこのアトリエ・ジャン・ヌーベルの階段を上り下りしているのだろうか、と。

アトリエ・ジャン・ヌーベルの階段

プロローグ

初めて建築設計の仕事に携わったのは大学3年も終わりに近づいた1996年、大林組の設計部が担当していた千葉ニュータウンに建設中の三和銀行電算センター（現、三菱東京UFJ銀行千葉センタービル）の現場であった。大学の夜間部に通っていた僕が昼間の時間を利用して大学と自宅の間にあるその現場設計室で働くようになったのは、ごく自然の成り行きであった。竣工間近の現場はさまざまな人が働いていて活気に満ちていた。実際に建築が誰の手でどのようにできあがるのかを見ることはとても新鮮な体験で、毎日新しい発見があった。その後設計室の解散に伴い、勤務先は当時御茶ノ水のセンチュリータワー内に置かれていた大林組設計本部東京事務所へと移った。憧れのノーマン・フォスター[*1]設計の建物でぜひ働きたいと、担当の方に念入りにお願いしていたところ、1週間も経たたぬうちに連絡をいただいたのであった。そこでは、事務所、商業施設、工場など、スケールも1／2000から1／1までさまざまな物件の模型をつくり、ほぼ毎日働いていた。他の部署でアルバイトが必要と聞くと同級生を紹介したりしていたので、所員の方にバイト部長と呼ばれるぐらい事務所に入り浸っていた。

1枚の写真

大学4年生の後期はさすがに休みをもらい卒業設計に集中した。そのあいだになにか大きいプロジェクトが始まったと聞いていた。大学院に進学後、すぐに事務所に戻ってみると、それは電通新社屋建設プロジェクトであった。そのプロジェクトに従事して数カ月が経ち、ジャン・ヌーベル[*2]と共同設計になると聞いた時にはほんとうに驚いた。というのも彼の名を1枚の写真を通して強烈に記憶していたからである。学部時代に受講していた多木浩二先生による西洋美術史の授業の最後に、先生は現代建築も紹介され何枚かの写真をOHPで見せてくださった。僕はそのなかの1枚に心を惹かれた。この建物はパリに建っていて、と説明された写真には、建物がひとつ写っていて、ガラスの外壁に青い夕闇が映り込んでいた。それを見た時、この建物はパリとはなにかを表わしていて、それはこの青い空なのだ、と直観し、この写真が心に焼きついた。出典を急いでメモして、後日、御茶ノ水の南洋堂に行き、『El Croquis』というスペインの建築雑誌のジャン・ヌーベル特集号を探し当てた。さっそく中からその写真を見つけ、それがパリにある〈カルティエ財団〉であることを知った。そのことがあったので、ジャン・ヌーベルという名を聞いた時、とても興奮したのだ。

話は前後するが、大学院に進学を決めた理由は恥ずかしながら思い出せない。なぜ就職を選ばなかったのか。たしかに時代は就職氷河期、新卒の者にとって仕事を得るのは容易なことではなかった。あの時2013年の自分を思い描けたはずはないし、自分が進むべき道がわかっていたわけでもない。唯一確実なことがあったとすれば、それはただ自分の

夕暮れの空を映し込む〈カルティエ財団〉

進みたい方向だけを向いていたということ。たとえば将来的に意匠設計をやりたいと思ったならば、学部、大学院とも意匠設計を専攻するのが普通であろう。だが僕は大学4年時に材料工学、大学院では都市計画を専攻した。他人から見れば、はたしてなにをしたいのかわからなかっただろう。しかし自分の中では一貫していた。まず建築を考える時に素材を熟知していたらよいだろう。そして、都市のスケールを知ることは建築を考える枠組みを広げるのによいだろう。そう考えてそれぞれを専攻したのである。大学院を出ても就職せずに電通プロジェクトの現場にいさせてもらったのも、建物をなにもないところに生み出すことの魅力を無視できなかったからである。大学2年の室内設計演習で担当の先生の事務所にエスキースを見せに行った帰り、先生はわざわざ階段を下りて追いかけてきて、一言、

設計をやめるなよと声をかけてくださった。今でもそれが幻だったのかなんだったのか、あるいはその真意もわからないが、この小さな一言により、設計活動を続けることができた。

パリと東京での実習

大学院の２年になり、パリのＡＪＮ（アトリエ・ジャン・ヌーベル）で一度働いてみたいという思いが強くなってきた。設計室で一緒に働いていた友人が、前年の夏にＡＪＮで働いたと聞いたからである。それで大林組の方にあいだを取り持ってもらい、２年生の秋にパリへ行くことにした。事務所の意向によっては滞在を延ばせるよう、帰りの便を変更できる航空券を自分の予算内で買うと、台北、クアラルンプールを経由してチューリッヒで降機し、最後は寝台特急でパリに入る旅程になった。朝、パリ東駅を出て日本を発つ前日に予約したアパートに入居し、その足で公衆電話からＡＪＮに連絡し到着を伝え、週が明けた月曜日、アトリエに行った。電通プロジェクト担当のフランソワーズ・レノーに会い、その日からスタージュ（研修生）として働き始めた。当時フランス語はまったく話せず、英語を使いなんとか仕事をさせてもらった。日本で携わっていた電通プロジェクトに配属されたことも幸運だった。この時にフランスのエスプリに触れた経験が二つある。まず働き始めて数日経ったころ、「今日は君の上司が来るから一緒に会議に出るように」と言われ出席した。表敬訪問で来られた大林組の社長との会合であった。日本では組織の下っ端の者が最高位の人と同席することはありえないだろう。このフランス社会のフラットさにとても驚いた。またファサードの矩形図をスケッチしていた時、天井裏の構造体やダクト類まで描いていたら、副担当に、「構造は構造エンジニア、設備は設備エンジニアに任せればいい、自分たちは目に見えるところをデザインするのが仕事だ」と言われた。その時、合理的なこの国の分業制を知った。そうして、２カ月のあいだに計四つの計画に関わり、結局帰国日も変更せず、なんの未練もなしに、ましてや将来

アトリエ・ジャン・ヌーベル。1862 年に陶器の絵付け工場として建てられた建物を改装したもの

ここに戻ってきて働くなどとは微塵も思わず、日本への帰路についた。

大学院卒業後も設計室に契約社員としておいてもらったころはちょうど、築地の朝日新聞社裏手にある雑居ビルに設計室が移った時であった。そこではドアの開き勝手の方向すら描けない状態から、建築を設計することを手取り足取り教えていただいた。少しでも関わった図面が実際に建物になる様を見ることは興奮の連続だった。自然と毎土曜日に現場に入り、見学してまわるのが習慣になっていた。この時の経験が自分の大切な財産となり、おかげで設計を生業にすることができている。

まだ見ぬ新天地を目指して

２００１年に入り、電通プロジェクトは竣工を翌年に控え、設計も佳境に入ってきた。大林組の担当の方が僕にレストラン階の設計

〈電通新社屋〉現場。低層階から浜離宮を望む

同じく、〈電通新社屋〉現場。担当していたレストラン階の光庭付近鉄骨建込み後

提案をひとつまとめてみろと言ってくださった。一生懸命取り組んだのだが、うまくまとめることができなかった。そこで自分の至らなさを思い、担当の方に今すぐ仕事を辞めたいと申し出た。ＡＪＮのフランソワーズが日本に来るたびに、自分自身のプロジェクトを持つには設計室から出るべきだと助言してくれていたことも頭にあった。するとその方は浜離宮裏手の芝弥生会館レストラン階へと連れて行ってくださった。そこからは施行中の電通タワーを目の前に眺めることができた。親切にもその方は、すぐにではなく、その年の最後まで働いて決めたらどうかと提案してくださったのである。外装工事が終わった直後の電通タワーは、東京の夕暮れの空に完全に溶け込み風景と一体化して美しかった。年末まで働くことを了承してもらい、次の仕事先を探し始めた。

勘違いからのきっかけ

その時AJNが頭に浮かんだのは、自分にとって自然なことであった。だがどのようにすればAJNで正式に働くことができるのかは、皆目検討もつかなかった。数カ月思い悩んでいたが、思わぬことから道が開けた。10月にジャンをはじめAJNの電通プロジェクトチームが来日した。その時にチャンスが訪れることを期待したが、なにも起こらず、ジャンは仕事のためにソウルへと発ってしまった。ところが台風が接近していたため、他の担当者2人は大事をとって翌日の飛行機に乗ることとなり、せっかくの機会なので一席設けようという話になり、AJNからフランソワーズと副担当、また昔AJNにおられた森田一敏さん、こちらからは大林組の担当の方と僕で集まった。担当者同士の宴は盛り上がり、ひょんなことからAJNでの研修の間に、僕にフランス人の彼女ができたかという話になった。僕は、もし今度フランスに行ったなら彼女ができると思うかと尋ねようと思い、「If it is possible to go to Paris...」といって一区切り入れたところ、フランソワーズがそのあとを遮って、「It is possible!!」と大声で答えてくれた。ほとんど誤解ともいえるが、ぜひCVをAJNへ送るようにと話は進んだ。結局、その年の最後に大林組の電通設計室を辞め、フランスへ行くために本格的に動き始めた。

〈電通新社屋〉"透明"なファサード

いまだわからぬ空白の1年

しかしそれからの道のりが長かった。まず初めに問題になったのがビザであった。自分で調べても労働ビザのことはよくわからなかったので、年が明けた2002年、ワーキングホリデービザの申請をしてみた。だが選考に落ち、八方塞がりの状態になった。AJN

との雇用契約も不明だったので、ヒアリングのために2月中旬にフランスへ渡った。AJNでは人事担当が会ってくれ、志望理由を聞かれたので、ジャン・ヌーヴェルの建築が好きでぜひここで働きたい、もしジャンがアメリカ人だったらアメリカに行ったし、たまたま彼がフランス人だからこの国に来たんだと説明した。すると彼は驚いて、「Il est fou!!(彼は狂っている!)」と叫び、そのあと、どうしてこの素晴らしいパリの生活を楽しまないのか、ここで働くためだけにパリに来るのは馬鹿げていると捲し立てた。今ではその意味がよくわかる。そして次のような提案を受けた。現在東京でフランス大使館建て替えのコンペがあるから、法規のチェックを日本で担当し、そのコンペがとれたらパリで雇用しよう、だからひとまず日本に帰れというものだった。フランソワーズからはこちらで働けると聞い

電通設計チームとAJNとの懇親会。手前の左から3番目がジャン・ヌーベル、4番目がフランソワーズ、後列左から2番目が筆者

ていたのに、なんだか話が違うと思いながらも従うことにした。空港でフランソワーズに事の顛末を話したところ、帰るのをやめてフランスに残れと言われたが、やはり居心地が悪かったので帰路についた。あとで考えると、体よく追い返されたのだった。

帰ってパリの事務所と連絡をとりながら、法規的なチェックを行った。大使館は治外法権なので日本の建築基準法は適用されないことに途中で気づいたが、ミッションは無事に終えた。だが春を過ぎてもコンペの結果は出ず、AJNからの返事も一向に来なかった。業を煮やした僕は5月にフランソワーズに連絡をとり、僕の件がどうなっているのかを尋ねた。彼女からの返事はあっさりしたもので、1月の時点で社長に僕を雇うことの了解は得ているのだから心配はない、パリに来るためにはなにをしてほしいのか、と逆に聞かれて

しまった。そこで就労ビザを取ってほしいとお願いしたところ、快諾してくれ、すぐにその手続きを始めてくれた。最終的に就労ビザが出たのは翌年の1月、新たな思いでパリの地に立ったのは２００３年の2月15日のことであった。

これが僕がまたパリに来るまでの一部始終である。フランスで働くために結局足掛け1年も掛かった。なぜそんなに時間が掛かったのか、それはひとえに僕の日本人的な遠慮によるものだったかもしれない。フランス人に遠慮はいらない。ＹＥＳといったらＹＥＳなのである。フランスだけではなく世界の大部分の国で同じことがいえるはずだ。また、よくフランスで働くためにどうすればよいかと聞かれるが、残念ながら僕はそれに答えることができない。ただいえるのは、そのための唯一絶対の道はない、ということである。

外国で働くということ

ＡＪＮで僕に最初に与えられたのは名古屋の仕事だっ

た。なんという幸運！と喜んでいたのもつかの間、その仕事は契約の問題で３日で終ってしまった。初めの仕事が日本の物件で安心していた僕は途方に暮れてしまった。だがすぐに人事担当に呼び出されて、ソウルにある〈リウム美術館〉の内装設計の仕事が与えられた。当初の雇用契約は３カ月、次の契約を更新してもらわないとアトリエに残れないので、一生懸命に仕事をした。

最初に出会った困難は働き方の違いであった。１人、夜遅くまで働いていたところ同僚に怒られてしまったのである。それは、フランス人は定時で帰り日本人は夜遅くまで働くという単純な違いではなかった。フランスでは仕事を「定時に終わらせる」ということが徹底していて、日本のように、時間を掛けてでも最善の仕事をすればよいという働き方は通用しない。図面を提出する時も、日本では、初めにつくったリストにあるものを不完全でも作成していたのだが、こちらではすべて用意できないなら、それに合わせてリストのほうをつくり直す。つまり最初のリストどおりに完成させられなかったら前提条

〈リウム美術館(Leeum Museum)〉。ミュージアム1より、AJN設計ミュージアム2を左手に見る(撮影:Kim Heewon)

件を変えてしまうのだ。

外国で生活するということ

設計の仕事に関しては、能力的になにも問題なかった。しかし大きな問題となったのは言葉であった。フランスに来る前に少しはフランス語を勉強していたが、まったく役に立たなかった。フランス語で話しかけられても理解できないし、ましてや返答するなど不可能であった。

ある時、所員全員でフランス南西部ペリグーにある〈ガリア・ローマ博物館〉の竣工式に出かけた。人あたりがよく、英語を話すことのできる同僚を見つけて、彼の後ろにコバンザメのようについて1泊2日の旅行をなんとかやり過ごした。1日中フランス語を話して過ごすのは初めてで、非常に辛かったのを今でも忘れることができない。自己の感情を簡素な言葉では表わしきれない30歳の大人が、1歳くらいの子どもと同じ言語表現力しかもっていない状況を想像していただければよくわかると思う。

また、ほとんど知り合いもいない状態でパリに渡ったので、孤独感から逃れることもできなかった。通勤途中のサン・ラザール駅の地下道で、スピーカーをおいてシャンソンを鳴らしている盲人のお金入れに毎日2ユーロ玉を入れることで、かろうじて誰かとつながっているのが救いになっていたほどである。そういう時は昔から親しんでいた聖書の言葉にたいへん癒された。孤独感から開放されるためには、ただ自分は独りではないということに目を向けるしかないことに至った、当時読んだ、ヴァルター・ベンヤミン[*3]の「翻訳者の課題」（野村修編訳『暴力批判論 他十篇』岩波文庫、1994年、所収）という短いテクストは、文学作品における原文と翻訳との関係にとどまらず、多言語間における意味の伝達について論じており、自分の直面する問題に一筋の光を投げかけてくれた。このテクストはさらに、芸術作品が持ちうる本質的な意味の存在についても述べていて、今の自分の設計活動の根幹にもなっている。

ペリグーの〈ガリア・ローマ博物館（Musée Gallo-Romain）〉の竣工式の様子

雇用契約を勝ちとる競争

フランスには2種類の雇用契約がある。CDD（Le contrat à durée déterminée：期限付き契約）とCDI（Le contrat à durée indéterminée：無期限契約）である。雇用されると大抵3カ月のCDDから始めて、満了するたびに双方契約を見直し、最大18カ月まで延長することができる。その間に双方が了承すれば、CDIに変更する。僕も初めは3カ月、次は6カ月、その次は9カ月とCDDを更新してきた。そのたびに契約を切られるのではないかというプレッシャーと戦ってきた。18カ月の期限が切れる時に、人事担当とCDIをもらう交渉をしたところ、案外あっさりともらうことができた。その会話のなかで、自分の最近の働き、特に中東のある私設動物園の仕事を評価してもらった。アトリエの中でも異質で、ほとんどの人が見向きもしない仕事であった。屋根がない構造物で、なんといってもユーザーはほとんど動物だったのだから無理はない。だが僕は楽しみながら何種類かのフェンスと1kmに渡る敷地境界の壁の見積図を丹念に設計した。その結果、2年半前に僕を体よく追い払った人事担当からCDIをもらうことができ、とてもうれしかった。

パリでの生活を楽しむ

契約のプレッシャーから解放されてからは、いつしかパリでの生活を楽しめるようになっていた。パリに住む最大の利点は職住近接にある。おかげで仕事のあとに映画館や劇場、時には友人宅でのFête（パーティ）に出向いたりと、そこから別の生活を持つことができる。言葉を使わずに体によってなにかを表現しようとするコンテンポラリーダンスに惹かれ、足繁く劇場に通った。パリは創造の場というよりは、さまざまなものが集まるところといえる。ピナ・バウシュ、アンナ・テレサ・キースマイケル、ジョセフ・ナジなどそうそうたる面々が毎年、市民主体の市民劇場に来るのだ。まずは市民の生活があり、それらがつながって文化を生み、その土壌の上に建物が存続する。

さまざまな文化が混じり合う事務所前の、Jean-Pierre Timbaud通り

パリに住むもうひとつの利点は、他の欧州都市へのアクセスのよさであろう。飛行機で1時間、ベルリンのフィルハーモニーでは、演奏開始前の会場の静けさの凄さを知った。咳ひとつない状態で指揮者のタクトが振られるのを待つ。よいものを聴きたいという観客

の要求がオーケストラ団員からよい音楽を引き出す。まさに観客が表現者の一部を担うのだ。この劇場は、爆撃で壊された前ホールの再建を願う市民の要望に、ハンス・シャロウン[*4]がヴィンヤード型のホールで応えた。音がきれいに聴こえる場所は必ずしもステージの正面ではなく、いたるところに散らばる。この形式はなんとも民主的である。ヴィンヤード型のホールには別の思い出もある。コペンハーゲンでAJNが設計した〈デンマークDRコンサートホール〉の柿落とし前、所員の皆でオープニングコンサートのゲネプロを見学した。そこに招かれていたのは市民たちであった。着飾ざりもせず普段着の彼らを前に、奏者たちも穏やかに演奏していた。途中、観客も含め皆で斉唱した国歌はとても素晴らしく、大変感動した。このホールが自分たちのために建てられたことを喜び、それを自分たちの歌によって体感する。人の思いを集める建築の設計に携わる喜びを感じることができた瞬間であった。

〈デンマークDRコンサートホール〉市民による内覧会のようす

次の新しい10年に向けて

建築とは1人でつくるのではなく、多くの人の手によってつくられるものである。古くは平面図、立面図、断面図、最近では3Dモデルなどを伝達手段として、いまだ存在しないものを人に伝えていく。電通プロジェクトで、AJNが提案してきたアトリウムのパースを現場の職人たちに見せた時のこと。天井をどう張ればよいのか、足場をどうつくればよいのかなど、彼らのなかですぐ議論が始まったそうである。1枚のパースは、いくつもの設計図や模型よりもはるかに皆のコンセンサスを得ることができるのである。AJNではこの、「イメージの効用」が重要視されている。ジャンをはじめ所員は皆、イメージをしっかりと「みる」ことができるのだ。ここにAJNで働きたかった理由がある。電通プロジェクトを通して彼と接することで、自分も「みる」ことができるようになりたいと思ったのである。ひとつのイメージを彼がみる時、彼はその中になにが映っているかを的確に指摘する。自分の頭の中にあるイメージを外に転写するのではなく、彼の思考の場所は目の前におかれたイメージの中にあるのだ。

この10年間、自分がアトリエで関わった仕事は33件。ほとんどの仕事は世に出ずに終わった。いつか、ジャン・ヌーベルの完全なモノグラフが出る時、いくつかのプロジェクトのクレジットに名前が載るだけであろう。設計の作業とはスクリプトを記述する事だと思う。住居の設計においては、まず玄関に入り、鍵を置き、コートをかけ、云々。その言葉の

ローザンヌの住宅の敷地よりレマン湖を望む

つながりを、自分の感じる〝違和感〟を駆使して一つひとつイメージにおこし審美眼によりつぶさに確かめていく。するとそこに新しいものが発見される。そのテクストが、たとえばガラス窓に取りつく取手の取り扱いの説明書きから突然、そこに映るものすべてを賛美する詩に連なる。この連関が、これらを記述することの難しさである。AJNでの自分の仕事は、たとえそれが小さなバスルームであったとしても、自分の全感性を使って書き上げた短い文の集合である。

ルイス・カーン[*5]は『Conversations with students』(Princeton Architectural Press, 1998) という本のなかで「Only from wonder can come our new institutions... they certainly cannot come from analysis」と語り、飛行機も、機関車も空想話から生まれた、と続く。この言葉は、いつか短文を集積させ、ひとつの建築を

つくろうと志すものを勇気づけてくれる。

パリに移り11年目に入ったこの2月16日は、海南島に建つホテルのコンペ提出前で夜遅くまで働いていた。模型を確認しにいくジャンと、階下に下りる階段の前で一緒になった。彼がおもむろに僕にこう語りかけてきた。「君に小さいプロジェクトを任せよう。ローザンヌの湖のほとりに住宅をつくる仕事だ、すべて独りでやりなさい」と。

言葉の壁もあり、ここでプロジェクトチーフになれるとはまったく思っていなかったので、正直驚いた。最近はアシスタントとして、いくつかプロジェクトに関わっていたのだが、1人ですべてを進めていくプロジェクトは初めてである。不思議なことに11年目に入った日に、この小さい仕事を与えられ、次の新しい10年が始まった。今は、人を、またものを動かし、ひとつの建築をつくりあげるために、前に進んでいきたい。

〈注〉

＊1　ノーマン・フォスター（Norman Foster, 1935–）：イギリスの建築家。フォスター・アンド・パートナーズ主宰。代表作に〈香港上海銀行・香港本店ビル〉などがある。

＊2　ジャン・ヌーベル（Jean Nouvel, 1945–）：フランスの建築家。アトリエ・ジャン・ヌーベル主宰。代表作に、〈アラブ世界研究所〉、〈カルティエ現代美術財団〉などがある。

＊3　ヴァルター・ベンヤミン（Walter Bendix Schönflies Benjamin, 1892–1940）：ドイツの批評家、哲学者、社会学者。代表著作は、『複製技術の時代における芸術作品』『パサージュ論』など。

＊4　ハンス・シャロウン（Bernhard Hans Henry Scharoun, 1893–1972）：ドイツの建築家。代表作の〈ベルリン・フィルハーモニー〉は世界で最も優れた音楽ホールと評される。

＊5　ルイス・カーン（Louis Isadore Kahn, 1901–1974）：20世紀を代表するアメリカの建築家。代表作に〈ソーク生物学研究所〉〈キンベル美術館〉などがある。

何回失敗しても、負けじゃない

–Helsinki

吉田智史

ARTEK

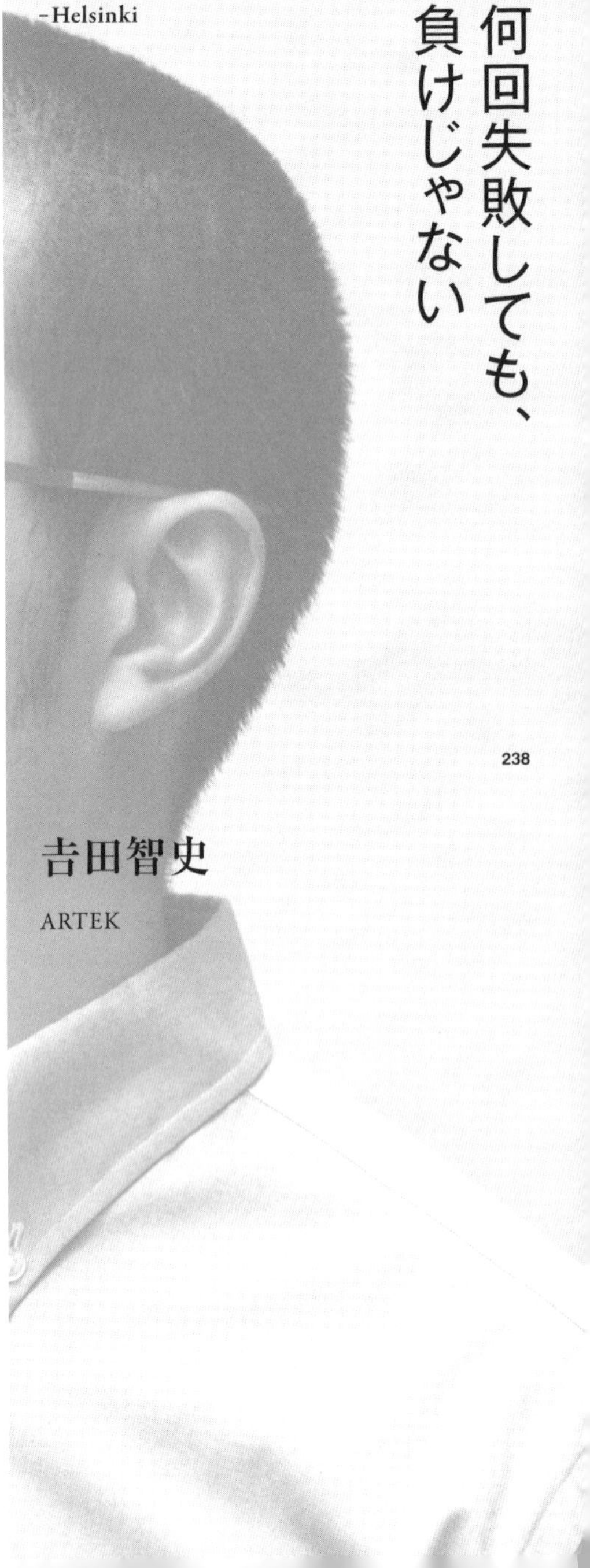

1日の始まり

日照時間の短いフィンランドの長い冬、家を出る朝8時30分はまだ薄暗い。ちょうどこの文章を書いている1月中旬は冬至を過ぎて、日の出が早くなっているのが日々実感できる。毎朝の通勤は、アパート近くの赤レンガと銅製の外観が印象深いアルヴァ・アアルト[*1]設計の〈国民年金協会〉（1956年竣工）を横目に、路面電車に乗って会社へ向かう。フィンランドの首都ヘルシンキの人口は約60万人、毎朝の通勤は、ラッシュアワーで寿司詰めになる日本のそれとはほど遠い。わずか2両編成の路面電車は各駅停車でのんびりと街中を駆け抜けていく。毎朝路面電車の窓から見るヘルシンキの四季は、とてもコントラストが鮮やかである。夏の気温はめったに30℃を超えないが、陽射しがジリジリと容赦なく照りつけ、日照時間が極端に長い。秋にはだんだん日照時間が縮まり、曇りが続き太陽の見られない鬱々とした日が続く。冬はもちろん寒いが、街は雪化粧をまとい真っ白になり、わずかな太陽光をも反射してくれる。春になると、雪が溶け1日が長くなり始め、人々は夏の訪れを心待ちにする。ヘルシンキに来て、あっという間に6年が経とうとしているが、情けないことに相変わらずフィンランド語は話せない。多くのフィンランド人が英語を流暢に話せることと、外国人にフィンランド語を話すように強制しないフィンランド人の寛大さに甘えさせてもらいながら日々を過ごしている。

今日出社したら、4月にミラノサローネ（国際家具見本市）で発表する新作家具の試作チェックをする。図面をおこして、工場から最初の試作があがって来る時はいつもドキドキする。そして、これから2次試作に向けて問題点を見つけ出し、修正を加える。その修正の多くは人が気づかないようなディテールで、ほんとに地味な作業だがこれが一番楽しい瞬間かもしれない。

フィンランドデザインとの出会い

２００７年に生まれ育った大阪を離れて、ヘルシンキへやってきた。２０１０年からここフィンランドを代表する家具ブランド、アルテック[*2]でインハウスデザイナーとして勤務している。

ヘルシンキに来るきっかけは大学時代にある。大阪芸術大学に入学した２００２年、デザイナーの喜多俊之氏がデザイン学科の教授となった。幸運なことに、在学中は海外での展示会や国内の伝統工芸の勉強会に参加する機会を数多くいただき、貪欲になにかを吸収しようと必死だった。なかでも、２００４年のミラノサローネで、「DINNING DESIGN EXHIBIT」という、世界から選抜されたデザイン大学10校と、イタリア家具メーカー10社がタッグを組み、レストランスペースをデザインするプロジェクトに参加できたことが、大きな転機となった。世界中のトップクラスのデザイナーが集まるところに、なにも知らない大学2年生が飛び込み、展示を通して世界中の学生と交流を持ち、世界中からの来場者の前で作

6
REBECCA
58
SOKOS

KIRJAKAUPPA
BOKHANDEL
BOOKSTORE
SUOMALAINEN KIRJAKAUPPA
STOCKMANN

品をプレゼンテーションする。そうして受けた刺激と衝撃はとてつもなく大きかった。同時に、展示を通じて自分たちに足りないスキルや世界のレベルの高さを思い知らされた。こうした経験から、デザインで世界を舞台に活躍できたら、なんて素敵なのだろうという思いが芽生え、その思いはしだいに強くなっていった。フィンランドデザインとの出会いは、その時ミラノで展示された10校のなかで、妙に落ち着いて、群を抜いた完成度を誇っていたヘルシンキ芸術デザイン大学（現在、アアルト大学芸術デザイン学部）のデザインに魅せられたのがきっかけだ。その当時、ジーンズといえばリーバイス、家具といえばイタリアというような単純な知識しかなかった僕にとって、その出会いは衝撃的なものであった。シンプルで洗練された空間に魅了されると同時に、他の国とは違い奇をてらわない素直なアプローチと、マテリアルに対する理解がしっかりと表現されているデザインに大変興味を持った。そして、このミラノでの経験を基に、私はヘルシンキ芸術デザイン大学に進む決意をした。

通勤路から見える路面電車とヘルシンキの街

1年間の留学準備

大学卒業後、ヘルシンキ芸術デザイン大学修士課程家具デザインコースに出願したものの、英語力が十分でなかったため、見事に落とされてしまった。周りの同級生は無事就職し、社会人として活躍しているなか、なぜか焦りもせず1年間大阪で語学の勉強をして次の年に備えるつもりでいた。そんな時、ひょんなことで、柳原照弘氏が主宰する「ISOLATION UNIT」でアシスタントとして働く機会を得た。フィンランドへ留学することを前提に1年間だけ、京町堀の雑居ビルで1人働いていた柳原さんのアシスタントを経験した。思いがけず巡って来たチャンスであったが、柳原さんが明確な意思と行動力をもって成功し、多くのプロジェクトを依頼されるようになっていくプロセスを目の当たりにした、貴重な経験であった。そして実務経験を積めたことや、尊敬できる多くのデザイナーや建築家の方に出会えたこと。この1年がなければ、今の自分はないと言っていいほど、貴重な浪人生活であった。そして、仕事と並行した留学の準備は着実に進み、2回目の試験は無事クリア。2007年に晴れてヘルシンキでの生活をスタートさせることができた。

ヘルシンキでの学生生活

ヘルシンキ芸術デザイン大学は数多くの優秀なフィンランド人デザイナーを輩出した歴史ある大学であり、国際的に評価が高く世界中から学生が集まる。ここの家具デザインコースは、充実した木工と金属のワークショップでみっちりとプロトタイプがつくれる環境が特徴である。授業は教授の指導の下、研究室でCADの図面をおこし、工房で実寸のプロトタイプをつくり、マテリアルと対話しながら何回もデザイン修正を繰り返し、デザインを研ぎ澄ます。ここでは、教授と学生とのあいだに主従関係はなく、ベテランと若手といった差くらいで、製作の過程でデザインの意図について議論し、最終的な判断は学生に委ねられる。工房は、8時半から開き、16時半までは大型の機械を使用することができるが、それ以外の時間帯は小型の作業工具しか使用できない。そして工房の技術員は、10時と15時に15分のコーヒー休憩と11時から1時間の昼食時間を取るため、自然と機械と時間を効率よく使うための作業方法を覚えた。

大学の木工室で制作にはげむ学生

ある日、工房で椅子のプロトタイプをつくり、それに座った際、脚の接合部がはずれ見事に壊れてしまった。締め切り1週間前ということもあって、周りにいた友人は、いたたまれない表情でこちらを見ていたが、私は椅子が壊れてしまったことなどどうでもよくて、そこからなにかを学ぼうと原因を検証し、すぐにプロトタイプの改良に取りかかった。なにより、椅子の背もたれの角度が1度変わるだけでどれだけ座り心地が変わり、木材の接合方法を変えるだけで、どれだけ強度が変わるのか、すべて実践のなかで学べたことが、今では大きな財産となっている。

ヴィッレ・コッコネンとのコンタクト

アルテックに興味をもったきっかけは、アアルトが成し遂げた偉大な業績にとどまらない、その斬新なアプローチだ。2007年の〈アルテック パビリオン〉[*3]や〈2nd Cycle project〉[*4]では、単なる家具ブランドの活動にとどまらないその柔軟な思考とアプローチに引き付けられた。

2010年の1月ごろから修士制作を進めつつ、同時に就職活動を始めた。恥ずかしながら、海外で勉強することを目的としてヘルシンキにやってきたので、卒業後のプランはあまり鮮明ではなかった。実際フィンランドに来る多くの日本人留学生が、日本に帰国して就職活動をする。そんななか私は、在学中からぼんやりと、フィンランドに限らず、海外でキャリアを積みたいという気持ちを持ち始め、卒業が近づくにつれてだんだんとその思いは強くなった。修士制作と同時期に制作したポートフォリオ、履歴書、カバーレターを、以前から興味のあったヨーロッパのデザイン事務所や企業5社ほどに送り、返事を待った。今思うと、スタッフ募集をかけていないところに勝手にポートフォリオを送り、返事を待つなど世間知らずもいいところだが、さいわいにも前向きな返事をもらった数社のうちのひとつが、アルテックであった。アルテックのデザインディレクターであるヴィッレ・コッコネン[*5]からの返事は、現時点では残念ながら採用はできないが、今後の可能性はあるので、連絡を取りあおうといったものであった。しかし、それ以降は具体的な進展は

フィンランド中からアルテックのヴィンテージ家具を集めた〈2nd Cycle project〉(©Marco Melander)

なにもなく、将来に対する不安を抱えたまま２０１０年５月末に修士課程を修了した。卒業してしばらくは修士制作の展示会とその選抜展にも選ばれ、なにかと忙しい日々を過ごしていたが、一段落したら日本に帰って仕事を探そうとさえ思っていた。ところが、６月のある日、前触れもなくヴィッレから電話があり、短期契約でのプロジェクトアシスタントを依頼され、アルテックでのキャリアがスタートした。とはいえ、じっと連絡を待っていたわけではない。修士制作では審査員を学生が指定できる制度があり、私はヴィッレに審査を依頼した。ヴィッレとの後日談ではあるが、ポートフォリオを送ったあとも諦めず地道に連絡を取り自己アピールしていた努力が、功を奏した形となった。また２００４〜２００９年までイギリス人デザイナーのトム・ディクソン[*6]がアルテックのクリエイティブディレクターを務めたこともあって、アルテックスタジオ（インハウスデザイン部）はロンドンを拠点としていた。２００９年ヴィッレがデザインディレクターに就任したことを機に、アルテックスタジオをヘルシンキに戻した。その移転に伴ってヘルシンキでデザイナーを探していた時、私のポートフォリオが目に留まったという、なんともラッキーなタイミングであった。

修士制作でデザインした折りたたみ椅子。現在北海道旭川の家具メーカー、カンディハウス社より商品化されている（©CONDE HOUSE）

フィンランドでの就職活動とビザ

フィンランドでは、日本のように集団で就職活動を斡旋するような催しや、学校での企業説明会などは、一切ない。また、福祉国家であるフィンランドはフィンランド人だけでなくＥＵ諸国以外の学生も授業料が無料のため（現在は例外あり）、多くの生徒がデザイン事務所や建築事務所に所属しながら学業と両立し、2年間の修士課程を3～5年かけて修了することが多い。それがこの国の一般的なスタイルなので、卒業が遅れても誰も焦らない。僕と同時期に修士制作を進めていた多くフィンランド人たちは、無事卒業できたら夏はゆっくり過ごして、それから仕事を探すよ、とリラックスしたスタンスの人が多いのが印象的だった。また、学生の時からフリーランス活動を始め、卒業後すぐにオフィスを立ち上げる人も珍しくない。むしろ著名なデザイナーが、実はいまだに大学を卒業していないというのはよくある話だ。ただ日本人が海外で生活するのに欠かせないビザの問題は、海外に住む誰もが一度は頭を悩ませる。日本人が海外に長期滞在するには、就学にかかわらず、長期滞在するためのビザが必ず必要となる。学生には学生ビザが発給されるが、卒業すれば仕事がない限り長期滞在は許されない。さ

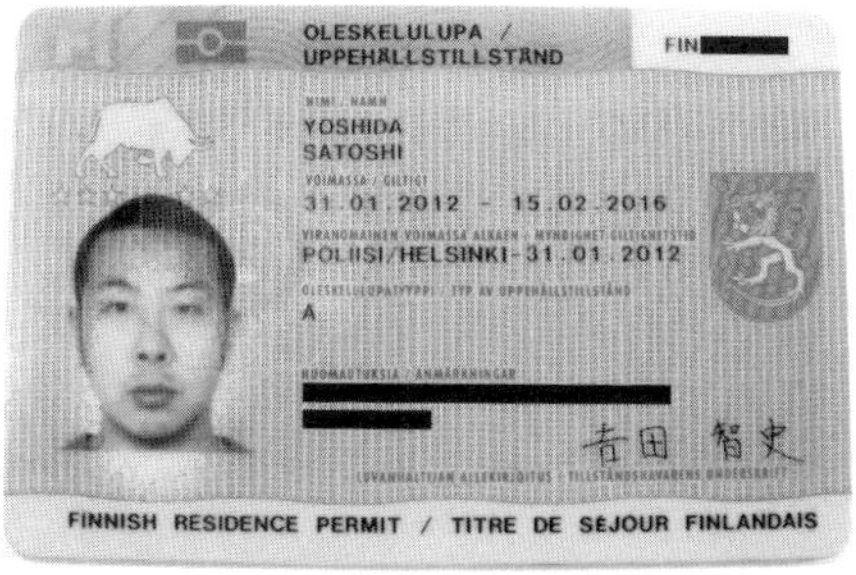

フィンランドの滞在許可書(労働ビザ)

いわいフィンランドではEU外の学生に対して、大学卒業後6カ月間は就職活動用のビザを発給しているため、卒業後、アルテックでの短期契約期間もそのビザが大変役に立った。短期契約期間中は、次回の契約継続が一番の懸念事項であったが、約半年後に晴れて終身雇用契約を結び、就労ビザに切り替えた。フィンランドでの就労ビザの申請は、大学の卒業証明書とその他雇用に関する書類を移民局に提出するだけで、至ってシンプルである。

労働環境と生活

アルテックでの勤務時間は基本的に週5日勤務、10時までに出勤して7・5時間働く。多くの従業員が9時に出勤し17時まで働くが、始業時間が早い人は8時から働き16時に帰宅する。昼食時間も人によってばらばらで、12時過ぎから行く人もいれば、11時ごろからの

人もいる。昼食はいつも同僚と近くにあるカフェやレストランでとる。ヘルシンキ中心部で、昼食代の相場は9・5ユーロといったところ。基本的に残業はしないため、会議などでも決断を早くして、物事をスピーディーに進める印象がある。もちろん締め切りが近い時や、状況に応じて残業することもあるが、残業した時間はしっかり代休で消化するようになっている。ほとんどのフィンランド人は割り切りがよく、皆が仕事終わりに自由な時間を持つことができるため、仕事のあとにスポーツジムに行ったり、友人と食事に行ったり、家族との時間を取ったり、仕事とプライベートのバランスがうまく保たれている。そのためフィンランドでは、日本のように仕事のあとに会社の上司や同僚と飲み歩くことは、年間に数えるほどしかない。私の仕事後の楽しみは、友人と公共サウナに出かけて汗を流し、ビールを飲みながらリラックスして、とりとめのない話をすることだ。アパートに浴槽がないのが一般的な生活で日本人には堪えるが、サウナがあるのでまだ救われている。また、フィンランドで働いて驚かされたことは、夏に4週間、冬に1週間のホリデーが与えられることである。日本人としては残業もなしで5週間もホリデーがあって、どうやって会社が、そもそも経済が成り立っているのか、いまだに不思議でしかたがないというのが本音である。また、近年日本でもさかんに議論されている育児休暇に関する制度も、フィンランドでは大変充実している。約40名が勤務しているアルテック本社では、現在女性社員4名が育児休暇を取っており、もちろん休暇後の職場復帰は保障されている。男性社員も子どもが生まれると退院日から2週間ほど、長い場合1カ月ほど育児休暇を取ることも珍しくない。もちろん、これら手厚い社会保障は、すべて税金からまかなわれているため、税金はとても高い。消費税率は24％、それでも多くの人がこの制度に満足している。現在、私が払っている高い所得税は、大学院を授業料無料で卒業させてくれた国への奨学金返済のようなものと思い、払っている。

ヘルシンキにある公共サウナ。タオル１枚で涼んでいる地元の人たちが、ここの名物

SAUNA
1A
Paulämmitteis
Saunat

アルテックでの仕事

アルテックはヘルシンキに本社を構え、スウェーデン、ドイツ、アメリカ、日本に支社を持つ国際的な企業である。しかし、意外なことに本社ではフィンランド人に混じり、外国人は私1人。インハウスデザイン部アルテックスタジオでの業務は、外部デザイナーとの新製品開発、アルテックスタジオでの新製品開発、アーカイブに眠るデザインの再生産、見本市や展示会の空間デザインや、パッケージや取り扱い説明書などのグラフィックデザインにまでおよぶ。アルテックスタジオはデザインディレクターであるヴィッレをはじめ、デザイナー3名とインターン数名という少数精鋭のチームで構成されている。そのため、外部のデザイナーやアーティストにプロジェクトを依頼する機会が多い。さまざまな分野の才能あふれるトップクリエーターとのコラボレーションや、超一流のデザイナーのデザインプロセスを共有し、製品開発に携われることなど、ここでの経験すべてが勉強になる。そして、これらのプロジェクトをディレクションするヴ

アルテックスタジオ、インハウスデザイン部のオフィス。本社は、1905年に建てられた建物に入っている

イッレは１９７５年生まれ、若干30代半ばにアルテックのデザインディレクターに就任した。少数精鋭でのチームワークは、限られた時間と人員のなかで、常にベストのパフォーマンスができるように、柔軟な思考とすばやい判断が求められる。見本市などや展示会の空間プロジェクトでは、１／50のスケールで、ブランドとしてのメッセージ、展示の焦点、マーケティング部から求められるものを明確に表現しなければならない。また外部デザイナーとの製品開発では、デザイナーの意図を汲み取り、家具の構造、製造工程、ユーザビリティ、物流などのバランスをとりながら開発を進める。アルテックの家具は、製品が何十年も使われることを大前提として開発される。アルテックスタジオでの公用語は英語であり、他の部署とのミーティングも私がいることによってフィンランド語から英語に切り替わる。少し申し訳ないと思う反面、社内では常に自分でしかできないことはなにかを考えながら行動している。野球でいう助っ人外国人といったところだろうか。日本人の特色とされる勤勉さと繊細な気

遣いがデザインに現れるよう、いかなる状況でも前向きな姿勢で最後の最後までベストを尽くすことを常に心がけている。

最初のプロジェクト

プロジェクトアシスタントとして初めに関わったのは、ヴィッレ・コッコネンとインハウスデザインチームでデザインした〈WHITE SERIES〉という照明シリーズである。アルテックが現在生産しているアアルトデザインの照明は、ほとんどが１９５０年代にデザインされたため、現代のニーズにあった照明を開発することがプロジェクトの始まりであった。シリーズの鍵となったのが、セラピーライトという冬の日照時間が少ない北欧などの高緯度地域でみられる健康障害「季節性情動障害（Seasonal Affective Disorder）」に、有効とされる光療法の医療器具としても認可されたテーブルランプ〈BRIGHT WHITE 1〉である。日本では馴染みのない光療法は、北欧諸国では比較的一般的で、多くの家庭で利用されてい

る。私がフィンランドで初めて冬を越した際、体がだるく感じ鬱々とした気分に陥ったことがあった。ビタミン剤やセラピーライトを使って症状は改善したが、冬でも太陽が出て当たり前の日本で育った自分の体が、太陽光を浴びないことでこんなにも不安定になることに驚かされた。〈BRIGHT WHITE 1〉のデザインの特徴は、さまざまなデザインスタディから導きだされた光源の照射角度にある。一般的なセラピーライトは光源の照射角度が広く、空間全体を照らすようにデザインされているが、〈BRIGHT WHITE 1〉はオフィススペースなどの、人が空間を共有する場所でも、他人を煩わすことなく利用できるように光源の照射角度が絞られている。ヴィッレの指揮の下、開発チームとしてプロトタイプを制作してはデザインチームで議論を繰り返し、案の精度を高めていった。照明器具のフォルム

WHITE SERIES、〈BRIGHT WHITE 1〉(©Tuomas Uusheimo)

よりも、光源の投影方法にフォーカスしたプロセスから生まれたデザインは、生活の質の向上に寄与したことを評価され、Interior Innovation Award 2012[*7]を受賞した。

アーカイブに眠るデザイン

アルテックで働いて興味深いことは、過去の膨大なアーカイブの存在である。またそのアーカイブに眠るデザインを、状況に応じて再生産していることである。再生産には、図面作業だけではなく、その製品が生まれた時代背景や当時のスケッチやデザインコンセプトをリサーチし、デザインに関する理解をしっかりと持って開発に携わる。印象的なプロジェクトは、シドニーのオペラハウスを設計したことで知られるデンマーク人建築家ヨーン・ウッツォン[*8]が、1957年にアルテックのためにデザインしたペンダント照明

〈U336〉を再生産するプロジェクトであった。まず問題だったのが、アルテックのアーカイブには数枚の写真とスケッチが残されているだけで、生産用の図面も、照明の原物も残っていなかったことだ。そこで、この照明が現在も使われている建物を訪れ、その場で実物を採寸し、生産用の図面をおこすようにヴィッレより指示を受けた。驚いたことにその建物は、あの名作、〈マイレア邸〉[*9]であった。ヘルシンキから電車を乗り継いで、3時間半ほどでノールマルックという町にたどり着いた。砂利道のスロープを登っていくにつれて、だんだんと現れる建物の姿に胸が高鳴ったのを覚えている。〈U336〉はマイレア邸のプライベートエリアであるキッチンのサイドテーブル用の照明として、現在も使われている。シドニーのオペラハウスを彷彿とさせるデザインは、ランプソケットをカバーする円柱状の

ヨーン・ウッツォンデザインの照明〈U336〉(右)と、それが使われているマイレア邸(左)

カップに、ランプシェードが四つ重なりあい、ねじを使わないシンプルな構造が特徴である。

多様化するデザインの意義、自分の立ち位置とこれから

アルテックで働き始めてからも、個人でのデザイン活動を細々とではあるが進めている。デザインイベントやギャラリーでの展示に出展して自らの才能をアピールするために必要とされる創造性は、インハウスデザイナーとして組織の中で発揮する創造性とは異なる。個人でのデザイン活動は独自の視線とアプローチを重視し、会社では組織の中で自身の役割を認識しブランドのために動く。これらベクトルが異なるデザインアプローチを同時に試み、さらなる成長を自らに促している。まだまだデザイナーとしてのキャリアは始まったばかりであるが、あらためて認識するのは、

積極的な行動があったからこそ、自分が今ここに立っているということ。大学時代に、アルバイト代と親から工面した大金を費やしてミラノの展示に参加していなければ、ヘルシンキに来ることはなかった。もちろん、チャレンジのなかで思いどおりの結果が出ないことも多々あった。大学受験は、大阪芸術大学とヘルシンキ芸術デザイン大学、2回も失敗している。それでも腐らず、失敗のなかでも不思議とさまざまな出会いやチャンスを得て、次のステップに活かしてきた。今思えば、攻撃でボールが相手に奪われても、すぐに切り替えてその後のディフェンスで挽回すればいいと叩き込まれた高校時代のバスケ部での教訓が、いつの間にか体に染み付いていたのかもしれない。だから、これからも失敗を怖れずチャレンジできる。

今のところ、独立して事務所を立ち上げるか、別の会社に転職するか、それともアルテックにとどまるか、具体的な予定は立っていない。今、ヴィッレとアルテックスタジオで手がけている2015年発表予定のプロジェクトに取りかかっているだけに、まだ次のステップに進む状況ではない。しかし、いつかやってくる次のステップに備えて、焦らずにビジョンを明確にしていきたい。

〈注〉

＊1 アルヴァ・アアルト（Alvar Aalto, 1898－1976）：フィンランドの建築家。その功績は図書館や教会など公共建築にとどまらず、家具や日用品のデザインまでおよぶ。

＊2 アルテック（Artek）：1935年にアルヴァ・アアルトをはじめとする4人の若き理想家によって設立された、フィンランドを代表する家具ブランド。

＊3 アルテックパビリオン：2007年にミラノサローネで発表した日本人建築家坂茂氏による展示用のパビリオン。建材は、フィンランドの製紙・製材会社UPMが開発した紙とプラスチックの複合素材を使用した。

＊4 2nd Cycle project：一般の住宅や公共施設などで使われてきたヴィンテージのアルテック家具をフィンランド中から集め、アルテックの家具が歴史の中で築いてきた価値を称賛し、現代の消費スタイルへの問題提起をするプロジェクト。

＊5 ヴィッレ・コッコネン（Ville Kokkonen, 1975－）：2006年からアルテックのR&Dマネージャーとして働き、2009年デザインディレクターに就任。アルテックパビリオンやファッションブランド、コム・デ・ギャルソンとの国際的なコラボレーションを成功させている。

＊6 トム・ディクソン（Tom Dixon, 1959－）：自身のブランド〈TOM DIXON.〉を2002年から展開するイギリス人デザイナー。2004～2009年までアルテックのクリエイティブディレクターとして活躍した。

＊7 Interior Innovation Award 2012：German Design Council（ドイツデザイン協議会）が主催する世界的な賞。革新的で優れたデザインがなされた製品に贈られる。

＊8 ヨーン・ウッツォン（Jorn Utzon, 1818–2008）：デンマークの建築家。代表作は〈シドニー・オペラハウス〉〈フレーデンスボルグの集合住宅〉。

＊9 マイレア邸：1939年に、アルテックの創始者の1人であるマイレ・グリクセンと、夫ハリー・グリクセンのために設計されたアアルトの住宅建築の代表作。

最果てのリベルタドール

–Santiago

原田雄次

Smiljan Radic Arquitecto

libertador：リベルタドール

［形］自由にする、解放する

［名］解放者、救済者

El Libertador：（南米独立運動の）解放者

（西和中辞典 小学館より）

27歳の孤独

27歳という歳は、何かを表現する者にとって重要な歳らしかった。グールド[*1]は27歳であの「パルティータ第2番」を奏で、コルビュジエは27歳でドミノシステムを考案した。またバスキア[*2]は27歳の若さでマンハッタンに没し、他にも偉大なロックスターの多くは27歳でこの世を去った。しかし建築家という人種はなかなかしぶとい。

芸術的要素が多分に含まれる職種でありながら、自ら命を絶つことも薬に溺れることもなく、死ぬまで建築と向かい合う。一体建築の何がそこまで人を夢中にさせるのか？　僕はそれを探し求めてはるばる南米の地までやって来たのかもしれない。27歳の僕は一体この地球の裏側で何を目指しているのだろう？

２０１３年2月9日土曜日午後8時49分。僕は南半球での初めての夏のバカンスをコロンビアで過ごしており、今はカリブ海沿いに位置するカルタヘナという街の古いレンガ造りのカフェでこの文章を書いている。約６００年前に築かれたこの街は分厚い城壁で囲われ、その内側に色とりどりの古い建物が建ち並び、その2階の慎ましやかなバルコニーには鮮やかな花々が咲き乱れている。長い時間が作り上げた落ち着いた色と、ラテンの華やかな色が、カリブの潮風によって混ざりあっ

コロンビア、カルタヘナのカフェにて（2013年2月）

たような美しいコロニアル都市だ。そしてこの街には20世紀ラテン文学界の巨星ガルシア・マルケス[*3]の邸宅があり、またその隣に「マコンド」[*4]なる名のホテルを見つけようものなら、僕の文学的テンションも高揚せざるを得ない。そういう訳で人生初めての出版物の始めの一文を書くには、ここカルタヘナはなかなかふさわしい場所だと思った。

いつ　チリへ

さて、僕が語るべきはチリについての物語だ。まずは順を追ってチリとの出会いから書き始めることにしよう。

僕にチリという国への興味を駆り立てたのは、ある1本の映画だ。「イル・ポスティーノ」なる名のこの映画はイタリアのものなのだが、その内容はチリの詩人パブロ・ネルーダ[*5]のイタリア亡命期を描いたものである。読

者の方々はこのパブロ・ネルーダをご存じだろうか？　彼は詩人でありながらチリ国内では国民的英雄の一人で、チリ国民であれば彼の詩の1節くらいはそらんじて言えるような、そういった存在なのだ。しかし当時の僕はそんなことを知る由もなく、ただその美しい地中海の風景とそれをすらと言葉にしてしまうフィリップ・ノワレ演じる[*6]パブロ・ネルーダなる人物のことが妙に気になってしまったのだ。だが当時の僕がチリについて知っていたことと言えば、妙に細長い形をしているだとか、安くて旨いワインを作っているだとか、そういった月並みのことである。それからしばらくは特にこのチリという国について、思いを巡らせることもなかった。

チリという国に建築的な視点で興味を持ち始めたのはやはり海外の建築作品を紹介する雑誌を通してである。チリ特有の極端な風景

学び舎「Y－GSA」

たち―荒涼とした乾燥地帯、太平洋の荒波を臨む断崖、湖畔に繁る青々とした森林―といったものに調和、というよりはむしろ対峙するかのように孤高に佇むその建築の姿に引き込まれていた。それはまるでネルーダが言葉によって自然の美しさの新たな視点を我々に知らしめたように、チリの建築家たちは建築というメディアを通してその過酷で美しい風景を世界に発信しているようであった。そのなかでもスミルハン・ラディック[*7]はそのフォルム、素材、風景の扱いにおいて最も独創的であったと言わざるを得ない。こうして僕の中で地球の裏側の南米チリという未知なる土地への思いは少しずつ膨らんでいった。この時はまだ彼の下で働くことになろうとは夢にも思わなかったが。

いざ　チリへ

僕は横浜の山奥にある横浜国立大学というところで建築という学問を修めた。そして学部時代の比較的若いころから設計事務所のアルバイトやオープンデスクに通っていた。それは有名無名、好き嫌い問わず。なので、何となくアトリエ系の設計事務所で働くことになるのだろうな、という思いはあった。しかし他人の作品に対して身を粉にして働くあの感じがどうも苦手だったし、と同時にそれだけの労力を注ぎ込んでもいいと思えるような絶対的な対象に出会えなかったこともまた事実だ。そうするうちに次第に設計事務所という空間で時間を費やすことに飽きてしまい、その空いた時間を埋めるように都内の美術館やギャラリーで比較的割りの良いアルバイトをするようになった。そこでは仕事内容そのものというよりも、そこで働いていた異なる技能を持った人々――油絵を描く人、テキスタイルを織る人、写真を撮る人、音楽を奏でる人やファッションと哲学について思いを巡らせる人――と接することが刺激的であった。そうした人々

首都サンチアゴの風景

と過ごすうちに僕の興味は建築を軸としながらも、もう少し幅の広い芸術の分野へと広がっていった。

その後エスカレーター式に進んだ横浜国立大学の大学院、通称Y－GSAというところは少し変わった教育法を採っていて、研究室というものが存在しない。その代わりに半期ごとに一人の教授の下で設計課題をこなし、それを四つクリアすると晴れて卒業することができるという欧州風のスタジオ方式を採用している。そしてその四つの課題のうちひとつをインターンシップによって代替することができる。それは国内でも海外でも。特に国内で働くべき場所を見いだせなかった僕としては必然的に海外への進路に思いを巡らせていた。そうした折にあのスミルハン・ラディックが東京のギャラリーでの展示のために日本にやってくるという噂を聞きつけた。と同時に大学時代の恩師である西沢立衛先生が彼と見知った仲であるということを嗅ぎ付けていたので、恐る恐る彼と引き合わせてくれないかと頼み込んでみた。すると彼が来日の際にSANAA事務所を訪問することになっているので、その時に紹介してくれると言うではないか。それはちょうど24歳と25歳の狭間の寒い冬のことだった。

「ああいうラテンの人は気ままだから、時間に余裕をもって来たほうがいいよ」と言われ生真面目な日本人は予定の数時間前から事務所内をウロウロし、一人所在なくソワソワしていたことは今でもよく覚えている。不確かな待ち人との約束ほど時間が長く感じられることはない。そうして日も暮れかけてきた午後6時、約束の時間どおりにスミルハンはやって来た。彼の第一印象としては人当たりのよい、気さくな欧米人といった感じで、僕のつたない言葉にも真摯に耳を傾けてくれた。ポートフォリオを片手に何とかして自分の興味を表明し、自由が丘でこしらえた評判の菓子折りで機嫌をうかがい、そして周囲に急かされるようにして「あなたの事務所で働きたい」という思いを告げた。それはまるで淡い恋の告白のようであったかもしれない。それに対して彼は二つ返事でこの申し出を承諾してくれた。こうして短くも長い1日が終わり、僕は未知なる南米大陸チリで働くことになったのだ。それはある意味で人生最大の英断ともいえるし、一方でそれはずっと前から決まっていた単なる事実のような感覚も持ちあわせている。僕の前には地球の裏側へと続く長い長いレールが敷かれていて、僕はただ導かれるままにこのチリという国に辿り着いたのかもしれない。

事務所が入っているオフィスビルディング

チリでくらす

まずは我々日本人にとって馴染みのないこのチリという国について簡単に説明しておく必要があるだろう。公用語はスペイン語、宗教はカトリック。日本との時差12時間。貨幣単位はチリペソ。５０００ペソ札の肖像が女流詩人ガブリエラ・ミストラル[*8]であることからもこの国の詩文学人気は証明されている。南北約４６３０km、東西約１８０kmと極端に細長い形をしており、そのおかげで北から南まで実にさまざまな気候帯を有している。大まかに言えば北は大砂漠、中央は大都市、南は大自然であり、さらに南下するとそこは南極という名の氷の世界である。実際チリを縦断すると「都市」というのはひとつの気候帯であるかのように感じられる。チリの面白いところはこうした多様で極端な環境がひとつの国家に収められ、そして各々がその土地に根差した生活を営んでいるというところだろう。そして多くの建築家たちは国土の中央付近の山間に位置する首都サンチアゴに事務所を構えている。典型的な地中海性気候に属するサンチアゴの夏は日中の日差しこそ強いものの、湿度は低くカラリと暑い。夜はちょうどよい気温まで下がったテラスで赤ワインをたしなむことができる。広場では人々が友人や家族との再会を握手や抱擁で讃え、公園では恋人たちが奔放に愛を語らい、交差点では今日も野良犬たちが信号機の赤と青の違いについて議論している。その傍らを碁盤のマス目をなぞるようにピストバイクが駆け抜け、古いビートルが旧い煙を吐き出しながら背の高いピカピカのビルの合間を走り抜けてゆく。そしてこれらの街を彩るピースの遷り変わりを何万年、あるいは何億年も前から見守ってきた雄大なるアンデス山脈が、その背後に静かに佇んでいる。これが首都サンチアゴの風景だ。スミルハン事務所はこのサンチアゴの風景が一望できる、いかにも20世紀的なモダンな高層ビルに入っている。

チリではたらく

出勤初日、事務所にとって初めて受け入れる日本人、ひいては外国人というものに対して向けられる「お前に一体何ができるのだ？」という眼差しと「自分に一体何ができるのか？」という不安の妥協点はやはり模型づくりである。模型材料の相場も分からぬまま直感で概算をはじき出し、札束と地図を握りしめ、買い出しへと向かった。さて困った。というのもこの国の画材屋というのは基本的に在庫をレジ裏に抱えており、店員に希望の品を頼んで奥から商品を出してもらうというシステムなのだ。そしてどうも英語は通じそうにない。とりあえず事前に調べていた「木」「板状の」といったスペイン語とジェスチャー（板状の木をどうやって体で表現できるのかも分からなかったが）を交えてその意図を伝えた。店員はどこか腑に落ちない表情を浮かべながら奥へと消えていった。そして数分後、戻ってきた彼が手にしていたのは1本の木が描かれたイラスト画であった。違う。全然違う。どうやら僕が言っていたのは英語でいうところの“a sheet of tree”にでも相当するもので、「木材」ではなく「木」そのものを要求していたことになるのだ。結局レジ奥にチラリと見えた目的の品を指差し、「アレ！　アレ！」と日本語で叫ぶ

初めての模型〈ユンガイ・プロジェクト〉（©Gonzalo Puga）

という野蛮な手法によって事なきを得た。

　これが初めての仕事というのならば初めての現場についてもよく覚えている。この現場は先程の模型と同じプロジェクトで、我々はユンガイ・プロジェクトと呼んでいる。それは２０１０年の地震で傷んだ古い集合住宅をコンテンポラリー・ダンスのテアトロ（劇場）に転用させるというものだった。「天気もよいし、現場見せてあげるよ」とスミルハンに言われ、意気揚々と彼の車に乗り込んだ。ひと通り見学した後でおもむろにヘルメットとツルハシを手渡された。？？？「実はここの既存部分の柱の位置が知りたいんだ。あと測っといて。チャオ！」と言い放ち、彼とその四駆は去っていった。どうやら既存の木の柱は土壁の中に埋もれており、壁を破壊し、柱の位置を探り当てろ、ということなのだと理解するのにいくらかの時間を要した。一度

初めての現場〈ユンガイ・プロジェクト〉。古い集合住宅を劇場に転用させる試み

深く呼吸をし、思い切って第一振を投じた。思いのほか簡単にその柱は姿を現すと同時に、100年の眠りから目を覚ました土壁は大量の粉塵を勢いよく吐き出した。そうして3日間、朝から晩まで埃まみれになりながら破壊と測量を繰り返し、現場の職人たちとなけなしのスペイン語でコミュニケーションを図った。チリに来た当初は、時折遭遇するこうした全くスペイン語しか通じない環境に、ある種の怒りにも近い居心地の悪さを感じていたのだが、今では逆に気を使って英語で話しかけられることにばつが悪い思いをしてしまう。これはチリに来て自分のなかで大きく変わった国際感覚のひとつだと思う。こちらに来るまでは英語という言語が世界の中心であるという意識が強かったが、南米大陸のこれだけ広範囲(ブラジルを除くほとんどの国)で国境を越えて、民族を越えてスペイン語という共通言語が話されている環境に身を置くと、世界の中心というのは一体どこなのか?

そもそも世界の中心という発想そのものが至極欧米的な思想であることに改めて気づかされる。

そうして怒涛の4カ月のインターンを終え、真冬のサンチアゴから真夏の横浜へと戻ってきた。とりあえず義務的に大学院を卒業し、その後は当てもなく神戸の祖母の家の書斎で本を読み漁っていた。

そうした折にスミルハンから一通のメールが届いた。「コンペに勝って仕事ができた。おまえのための机は用意できる、戻ってくるか？」僕は読みかけの本を放り出し、チリへと向かう航空券を迷わず購入した。

事務所は平均して5人程度と小規模である。スミルハンは気心が知れた人々と穏やかに働きたい主義なので人の入れ替わりもほとんどない。バイトやインターンもいない。当然2年目の僕は未だ一番下っ端で、次に若い人でももう5年以上勤めている。もちろん全員チリ人で基本的に会話はスペイン語である。なので渡チリ当初全くスペイン語が話せなかった僕は何をするにも時間がかかった。スミルハンは気分によってスペイン語と英語を使い分け、僕は極力スペイン語で返事をするようにしている。朝10時前から仕事が始まり、午後2時ごろに昼食をとる。皆お昼は家に食べに帰るので、僕はオフィス近くの大学の学食か公園でのんびりと弁当を食べる。食後は少し本を読んだり、昼寝をしたり。午後の仕事も7時くらいになるとポツポツと帰り始め、僕は大体9時ごろには仕事を切り上げ、家に帰ってルームメイトと旨いパタゴニア産のビールを飲む。土日はもちろん休みだし、2月もまるまる夏休みである。このたっぷりとした休息は僕にとって海外の設計事務所で働くことの大きな魅力のひとつである。

スミルハン事務所にて(2011年8月)。左から、ダニーロ、ゴンサロ、筆者、スミルハン、エドワルド

仕事はといえば市民劇場、美術館の増築、そしてチリらしいワイナリーといった公共的なものから個人住宅や別荘、あるいは展示の

インスタレーションや彫刻、出版など多岐に渡る。少人数である分、すべてのプロジェクトに何かしら関わらせてもらえるし、ちょっとした発言権も与えられている。スミルハンはほとんど毎日事務所にいるし、自分で図面も描く。実施図面の描き方も教えてくれるし、チレニズモ（チリ・スペイン語）のスラングも教えてくれる。コニャック入りボンボンとコカ・コーラ・ライトをこよなく愛し、年中Tシャツ1枚で事務所内をウロウロする愛すべき変人だ。しかし一度ペンを握ればサラサラと難解な平面を描き、そしてその瞬間彼の頭の中ではそれが3次元空間として立ち上がっている。だからウチの事務所ではあまりスタディ模型を作らない。以前こっそりと彼のスケッチブックを覗き見たのだが、そこにはおびただしい数のパースやディテールのスケッチで埋め尽くされており、思わず息を飲んだ。人はこれを才能と呼ぶ。

サメのラジコンと戯れるスミルハン

建築であることに疲れた

「時間」という概念に興味を持ち始めたのはいつごろからだったろうか？　強く印象に残っているのは、初めて一人で海外を旅した時に訪れたスウェーデンのゴットランド島での出来事だ。宮崎駿のアニメーション映画のモデル都市のひとつともいわれるこの町は、歴史をたっぷりと吸い込んだ古い城壁に囲われたメルヘンな町だった。入り組んだ路地には孤独な旅行者の心を和ませてくれるのに十分なほどの鮮やかなバラが咲き乱れており、その花々に導かれるまま小道を進んでいくと、不意に小さな広場に出くわすことになる。そしてその広場に面して小ぶりな教会がひとつ建っていた。それは一見広場＋教会というヨーロッパの象徴とでも言うべきありふれた光景のひとつだったのだが、この教会はどこか様子が違っていた。そこには天井がなかった。風が吹いていた。草が生えていた。光が溢れていた。それはごく単純に言うとただの教会の廃墟なのだけれども、確かにそこにはまだ濃密な空間というものが存在していて、かといって遺跡のような仰々しさはない。何ものにも邪魔されず、何ものにも干渉せず、ただそこには建築があった。そして僕はその教会に建築の透明性を見た。もちろん教会そのものは何世紀も前に建てられた分厚い石造りである。しかし長い時間の経過によって育まれた空間の身軽さ、軽快さ、快活さ。それはまるで教会それ自身が建築でありながらも、建築であることの使命から解き放たれたかのように感じられたのだ。僕はしばらくその場に立ちつくし、巧く言葉に置き換えることができないひどく爽やかな感動に身を委ねていた。

チリ北部のブドウ畑の構造物

スウェーデン、ゴットランド島の教会

チリの建築家たちはそうした時間というものに対する扱いに長けていると思う。例えばスミルハンは多くのプロジェクトにおいて膜材を用いる。と同時にコンクリート、石といったヘヴィな素材を添えて。彼が生み出す空間は、柔らかな素材と堅い素材がそれぞれ持ち得る空間の軽さ重さ、あるいはもっと物質的な耐用年数の差といった要素によって空間の時間性を強く感じさせる。それは優れた廃墟に身を置いた時の爽やかさに近いものかもしれない。彼の仕事でいえば、半世紀前に建てられた既存の住宅の2階部分をPVCの膜ですっぽりと葺いた〈CR邸〉、無垢の玄武岩の上に漆黒の梁が浮遊する〈レストラン・メスチソ〉などはその場に身を置くことで、素材や光の移ろいがもたらす「フィジカルな時間性」を感じることができる。一方で、こちらもチリの建築家アレハンドロ・アラヴェ

[*9]ナ率いるエレメンタルの代表作でもある〈キンタモンロイの集合住宅〉における試みも興味深い。彼はまず凹凸のある立面を持つシンプルなコンクリートのボリュームを用意する。その後、住民たちは個々の経済、あるいは家族事情に応じて凹んだ部分にセルフビルドの増改築を繰り返しながら自分色の住居に染め上げていく。ここでは空間そのものというよりは、人間が介在することで生まれる「ソーシャルな時間性」が漂っている。きっと僕がチリに求めていたのはこうした時間に触れる創造を体験することだったのだと思う。そしてこうした固有の時間性に貢献する仕事に携わることが建築家、あるいは僕個人として目指すべきものなのだろう。

フィン・デル・ムンドへ

1カ月かけて北から南までチリを縦断した。

〈レストラン・メスチソ〉スミルハン・ラディック＋マルセラ・コレア

砂漠と星の街を。貧しく鮮やかな漁村を。雪混じりの温泉地帯を。津波に飲み込まれた浜辺を。広大な牧草地を。この旅で気がついたことのひとつは、手つかずの壮大な自然を前にした時よりも、人間が暮らすことができる極限の環境に身を置いた時に「ああ僕は今、結構世界の端っこに来ているのかもしれない」という感覚に陥るということだ。例えばアタカマ砂漠の集落やチロエの孤島において。もともと「チリ」という言葉は原住民語であるマプーチェ語で「世界の果て＝fin del mundo（フィン・デル・ムンド）」を意味する。僕はチリの現代建築の最大の魅力はそうした辺境の地にも建築が建つ、ということだと思う。例えば「南米」で「建築」というと多くの人はまずブラジルを思い浮かべるだろう。ルシオ・コスタ[*10]、オスカー・ニーマイヤー[*11]、リナ・ボ・バルディ[*12]といった往年の巨匠たちはサンパウロ、リオ・デ・ジャネイロ、ブラジリアと言った都市に優れた作品を数多く残し、我々にモダニズムの美しさとラテンアメリカの奔放さ、ダイナミズムを知らしめてくれた。しかしそうした偉大な作品を都市部以外の、例えば山間のアマゾンなどといった辺境の地に見出すことができるだろうか？　一方、チリにおいては都市部以外にも現代的な建築が建つし、むしろそうした辺境の地における一連の建築作品が現代チリの建築シーンを形成しているといっても過言ではない。それはそうした辺境にも産業—北部：アタカマの天体観測（アルマプロジェクト）、イキケやアントファガスタの鉱山、中央：バルパライソのコンビナート、ランカグアのワイナリー群、南部：パタゴニアのツーリズム—があり、それらの産業は富を生み出し、建築が登場するための契機を与える。こうした異なる

チリ北部、プエルト・ビエホの砂浜集落

環境に根差した建築や集落を巡ることによってチリという国の気候、人種、社会構造などといった全体像を捉えることができるのだ。そうして旅を続けていると「こんな大自然に比べると、建築とは何とちっぽけな存在なのだ」という思いと、「こんなに厳しい環境においても建築は人々の社会を支えることができる」という極端な二つの感情が太平洋の荒波のように寄せては返す。そしてこうした辺境の地に次の時代の新しい価値が眠っているのではないかと信じている。

さぁ世界の果てへ。未だ見ぬ建築の解放を目指して。

16の征服
19の解放
20の独裁
かすかにたゆたう革命の香り

大地に生きる人々は
パンとブドウ酒を片手に
15の土地に種をまいた

赤い暗闇に
白い天井に
蒼いスープに
黒い隠れ家に

ここはどこだ
ここはどこだ

バルパライソで21の希望を積み込み
27の夜に静かに港をあとにする
僕はその小さな乗組員
最果てを目指す名もなき解放者

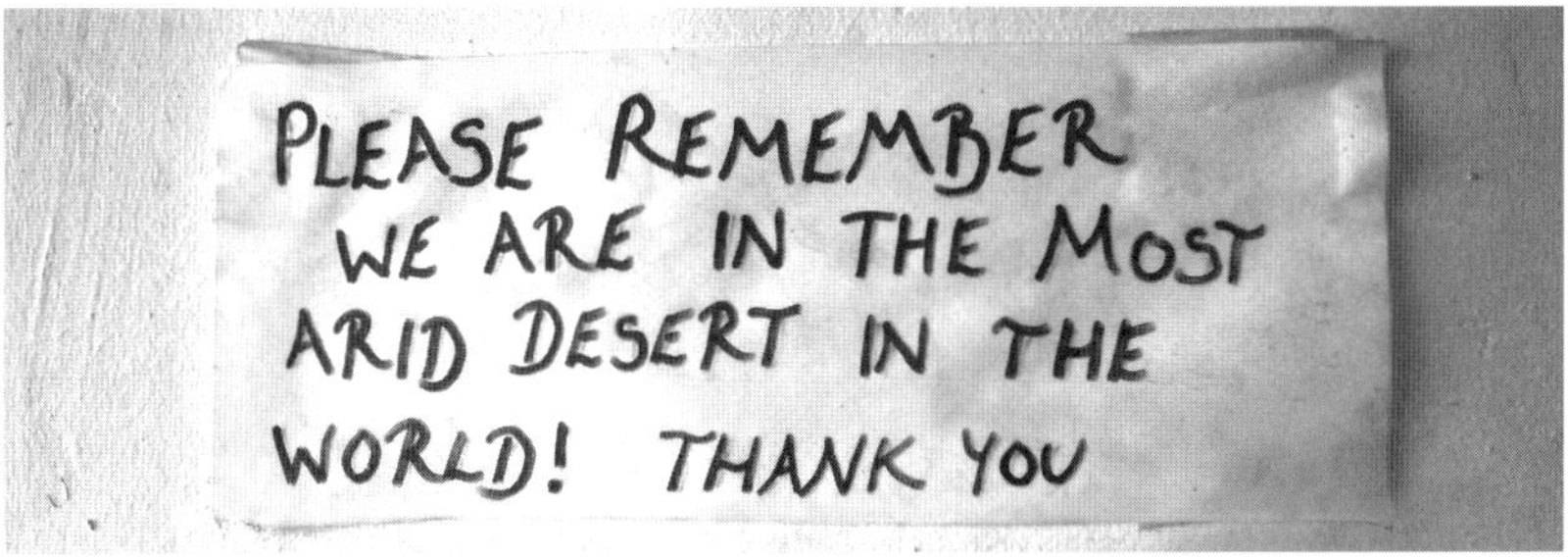

私たちは世界で最も乾燥した砂漠にいることを忘れないでくれ。サンキュー（アタカマ砂漠の安宿にて）

〈注〉

＊1 グレン・ハーバート・グールド（Glenn Herbert Gould, 1932－1982）：カナダのピアニスト、作曲家。

＊2 ジャン＝ミシェル・バスキア（Jean-Michel Basquiat, 1960－1988）：アメリカの画家。

＊3 ガブリエル・ホセ・ガルシア＝マルケス（Gabriel Jose' Garci'a Ma'rquez, 1928－）：コロンビアの作家。1982年ノーベル文学賞受賞。

＊4 マコンド：「百年の孤独」（ガルシア・マルケス著、1967）の舞台となる架空の村マコンドのこと。

＊5 パブロ・ネルーダ（Pablo Neruda, 1904－1973）：チリの詩人、外交官、政治家。1971年ノーベル文学賞受賞。

＊6 フィリップ・ノワレ（Philippe Noiret, 1930–2006）：フランスの俳優。「ニュー・シネマ・パラダイス」のアルフレード役。

＊7 スミルハン・ラディック（Smiljan Radic, 1965－）：チリ、サンチアゴ生まれ。1989年チリ・カトリック大学を卒業後、イタリアのヴェネチア建築大学にて学び、その後ギリシャのイラクリオにて活動。帰国後サンチアゴにて事務所を開設。最近は彫刻家のマルセラ・コレアと協働している。

＊8 ガブリエラ・ミストラル（Gabriela Mistral, 1889－1957）：チリの女流詩人、教育者、外交官。1945年ノーベル文学賞受賞。

＊9 アレハンドロ・アラヴェナ（Alejandro Aravena, 1967－）：チリの建築家、ELEMENTAL（エレメンタル）代表。〈シャム・タワー〉〈チェアレス〉も有名。

＊10 ルシオ・コスタ（Lucio Costa, 1902－1998）：ブラジルの首都ブラジリアを設計した、建築家、都市計画家。

＊11 オスカー・ニーマイヤー（Oscar Niemeyer, 1907－2012）：ブラジルの建築家。代表作は〈国際連合本部ビル〉〈ニテロイ現代美術館〉など。

＊12 リナ・ボ・バルディ（Lina Bo Bardi, 1914－1992）：ブラジルで活躍した女性建築家。代表作は〈チャメ・チャメ・ハウス〉〈サンパウロ・ニュー・ミュージアム〉など。

あとがき

私と執筆者の田根氏、吉田信夫氏は、２００６年にパリの近郊で行われた展覧会、Archilab Japon に別々に訪れ、パリに帰る電車で偶然一緒になり、それ以来、折に触れて会うようになった。たいてい夜から集まり翌日の昼過ぎまで、それぞれの事務所の働き方、お互いが見た展覧会や映画、旅行、コンテンポラリーダンスなどについて話し、それが建築の話に繋がり、また別の話題に移り、そしてまた建築に繋がるような話をした。ペロー事務所の同僚やペロー本人も、日常に何を見て、どう感じるかを、建築や都市の一部を設計する仕事へと常にフィードバックしていたように思う。

本書は、執筆者の日常の描写が差し込まれている。そのためか、字面を追うと穏やかな印象を受けるが、その行間には自らの人生をクリエイトしてきた、執筆者の想いが満ちている。

海外へ行けば、滞在ですらお膳立てされる保証はない。海外の設計事務所と契約を結び働く、あるいは事務所を主宰し、滞在許可証やビザを更新して生活する。あらためて本書を読みなおすと、個人が自分の人生をクリエイトすることそのものが、創作であると思う。そして、人生をクリエイトするということは、さまざまな局面において選択のリスクを負うことといえる。しかし、自分が建築家としてどのように生きたいのかを見出し、その想いがリスクへの不安や危惧を越えた時、本当の意味での自由を得るのではないだろうか。

ワーク／ライフのバランスをとりながら、日常、仕事すべてが建築に没頭できる時期を若いうちに持つことは、とても貴重な経験である。もちろん、そのような経験を積める環境は海外にだけあるものではない。だが、誰もが自ら動くことで、文化や民族を越えて、環境自体をクリエイトする自由を持っている。言語は、現地に住み、ここで建築を仕事にして生きていくのだと思えば、否応無しに覚えていく。

読者それぞれが感動と信念によって、道を切り拓いていけることを、期待し応援している。

学芸出版社の井口夏実氏、岩切江津子氏には、このような書籍に編者として関わる機会をいただけたこと、企画段階から編集方針を共有し、一貫した姿勢で編集をしていただいたことに、心よりの感謝の気持ちを捧げたいと思う。

２０１３年７月

前田茂樹

海外で建築を仕事にする

世界はチャンスで満たされている

2013 年 8 月 1 日　初版第 1 刷発行
2017 年 7 月 30 日　初版第 5 刷発行

編著者…………前田茂樹
発行者…………前田裕資
発行所…………株式会社 学芸出版社
京都市下京区木津屋橋通西洞院東入
電話 075－343－0811　〒 600－8216
装　丁…………藤脇慎吾
印　刷…………イチダ写真製版
製　本…………新生製本

ISBN 978－4－7615－2555－2